U0501668

创新创业教育理论与实践新探索

颜　坤◎著

中国商务出版社
·北京·

图书在版编目（CIP）数据

创新创业教育理论与实践新探索 / 颜坤著. -- 北京：
中国商务出版社, 2024. 8. -- ISBN 978-7-5103-5277-5

Ⅰ. G647.38

中国国家版本馆CIP数据核字第2024B1G443号

创新创业教育理论与实践新探索

颜　坤　著

出版发行：中国商务出版社有限公司

地　　址：北京市东城区安定门外大街东后巷28号　　邮编：100710

网　　址：http://www.cctpress.com

联系电话：010-64515150（发行部）　　010-64212247（总编室）

　　　　　010-64515164（事业部）　　010-64248236（印制部）

责任编辑：云　天

排　　版：北京盛世达儒文化传媒有限公司

印　　刷：宝蕾元仁浩（天津）印刷有限公司

开　　本：710毫米×1000毫米　1/16

印　　张：10.5　　　　　　　　　　　　字　　数：220千字

版　　次：2024年8月第1版　　　　　　印　　次：2024年8月第1次印刷

书　　号：ISBN 978-7-5103-5277-5

定　　价：79.00元

凡所购本版图书如有印装质量问题，请与本社印制部联系

版权所有　翻印必究（盗版侵权举报请与本社总编室联系）

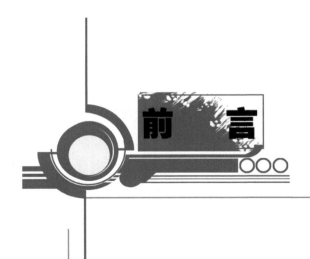

前言

　　创新创业教育是创新教育和创业教育的有机结合，是对大学生创新创业意识、创新创业精神、创新创业能力给予培养的新的教育理念和教学模式，是我国促进高校毕业生充分且高质量就业的重要手段，也是我国实施创新驱动发展战略，建设科技强国、人才强国、创新型国家，实现中华民族伟大复兴中国梦的必然要求。

　　本书在内容编排上从研究依据、研究理论意义和现实意义出发，对创新创业教育的研究进行论述。通过学生的特点以及创新创业教育的含义等方面界定了相关概念，从国内研究现状和国外教育发展两方面对大学生创新创业教育进行概述，对高校创新创业教育模式的构建、创新创业教育的机制及运行、创新创业人才的培养路径、高校创新创业教育实践等多方面进行了深入研究和详细论述，并提出构建阶梯式的创新创业教育模式。

　　本书有如下两个特点：

　　第一，本书对创业教育理论的探究、创业教育实践的指导具有重要的价值，尤其是面对以创业知识教育、创业方法教育为重的现实状况，创业教育价值的研究就显得尤为重要。本书运用国内外教育思潮和流派的有关论述和经验，从各个视角分析创新创业的教育状况，学习和理解与创新创业教育有直接关系的教育思想和教育理论，具有重要的应用价值。

　　第二，本书具有知识时代下的前沿创新引导作用，在研究内容上突出了对创新创业主体立场、原则、需要、素质以及能力等的研究，充分体现了前沿创新之处。

　　本书的撰写得到了许多专家学者的帮助和指导，在此表示诚挚的谢意。由于作者水平有限，加之时间仓促，书中涉及的内容难免有疏漏与不够严谨之处，希望各位读者多提宝贵意见，以待进一步修改，使之更加完善。

作　者

2024.3

目 录

第一章
创新创业教育概论

第一节　创新创业教育的理论基础

一、创新创业教育相关概念

（一）创新的概念与类型

1.创新的概念

创新是指以现有思维方式提出的区别于常规思路的见解为导向，利用现有知识和条件，在特定环境下，本着理想化需要或为满足社会的需求，改进或创造新的事物、方法、元素、路径、环境，并且能够获得一定有益效果的行为。

创新是以新思维、新发明和新描述为特征的一种概念化过程，起源于拉丁语，其原意有三层含义，即更新、创造新的东西和改变。创新，是人类特有的认知能力和实践能力，是人类主观能动性的高级表现形式，是推动民族进步和社会发展的不竭动力。一个民族要想走在时代前列，就不能没有理论思维，不能停止理论创新。创新在多个领域的研究中都举足轻重，促进创新的因素也被视为至关重要的条件。对于创新概念的理解一般有狭义和广义两个层次。狭义的创新概念立足于把技术和经济结合起来，即创新是从新思想的产生到产品设计、试制、生产、营销和市场化的一系列活动。广义的创新概念力求将科学、技术、教育等与经济融会起来，即创新表现为不同参与者和机构（包括企业、政府、学校、科研机构等）之间交互作用的网络。在这个网络中，任何一个节点都可能成为创新行为实现的特定空间，创新行为因而可以表现在技术、体制或知识等不同层面上。

在我国，"创新"一词早在《南史·后妃传上·宋世祖殷淑仪》中就曾被提到，意为创立或创造新的东西。《韦氏词典》对"创新"作出的定义为引入新概念、新东西和革新。也就是说，"革故鼎新"（前所未有）与"引入"（并非前所未有）都属于创新。

国际上，奥地利经济学家约瑟夫·熊彼特是创新理论的奠基人，他最早在《经济发展理论》一书中，就论述了关于经济增长并非均衡变化的思想。而后此书被译成英文时，使用了"创新"一词。1928年，熊彼特在其首篇英文版论文《资本主义的非稳定性》中首次提出创新是一个过程的概念。按照熊彼特的观点，所谓"创新"，就是建立一种新的生产函数，也就是说，把一种从未出现过的生产要素和生产条件的"新组合"引入生产体系。在熊彼特看来，作为资本主义"灵魂"的"企业家"的职能就是不断"创新"，引入"新组合"。所谓"经济发展"，也是针对整个资本主义社会不断地实现这种"新组合"而言的。熊彼特所说的"创新""新组合"或"经济发展"，包括以下5种情况：①引进新产品；②引用新技术，即新的生产方法；③开拓新市场；④控制原材料新的供应来源；⑤实现企业的新型组织。自20世纪60年代起，管理学家们开始将创新引入管理领域。现代管理大师彼得·德鲁克在《动荡时代的管理》一书中发展了创新理论。他认为，创新的含义是有系统地抛弃昨天，有系统地寻求创新机会，在市场薄弱的地方寻找机会，在新知识萌芽时期寻找机会，在市场的需求和短缺中寻找机会。创新是赋予资源新的创造财富能力的行为，任何使现有资源创造潜力发生改变的行为，都可以被称为创新。他还在《创新与创业精神》一书中提到，创新是企业家的特定工具，他们利用创新改变事实，并将其作为开创其他不同企业或服务项目的机遇。

2．创新的类型

创新是创业的源泉、本质和灵魂。创新能力是进行创业时最重要的资本。企业创新的类型主要包括以下几种。

（1）盈利模式创新。盈利模式创新是指公司利用全新的方式将产品和其他有价值的资源转变为现金。这种创新常常会挑战一个行业关于生产什么产品、确定怎样的价格、如何实现收入等问题的传统观念。溢价和竞拍是盈利模式创新的典型例子。

（2）网络创新。在当今高度互联的世界里，没有哪家公司能够独自完成所有事务。网络创新可以让一家公司充分借鉴其他公司的流程、技术、产品、渠道和品牌等。悬赏或众包等开放式创新方式是网络创新的典型例子。

（3）结构创新。结构创新是通过采用新颖的方式组织公司的资产（包括硬件、人力或无形资产）来创造价值。其可能涉及从人才管理系统到重新进行固定设备配置等方面。结构创新的例子包括建立激励机制，鼓励员工朝某个特定目标努力，实现资产标准化以降低运营成本和复杂性，创建企业大学以提供持续的高端培训，等等。

（4）流程创新。流程创新涉及公司主要产品或服务的各项生产活动和运营。这类创新需要彻底改变以往的业务经营方式，使公司具备独特的能力，高效运转，迅速适应新环境，并获得领先市场的利润率。流程创新常常是一个企业核心竞争力的重要组成部分。

（5）产品性能创新。产品性能创新是指公司在产品或服务的价值、特性和质量方面进行的创新。这类创新既涉及全新的产品，又包括能带来巨大增值的产品升级和产品线延伸。产品性能创新常常是竞争对手最容易效仿的一种创新方式。

（6）产品系统创新。产品系统创新是将单个产品和服务联系或捆绑，然后创造出一个可扩展的强大系统。产品系统创新可以帮助公司建立一个能够吸引和取悦顾客的生态环境，以此来对抗其他竞争者。

（7）服务创新。服务创新保证并提高了产品的功用、性能和价值。其能使一个产品更容易被试用和享用，为顾客展现了他们可能会忽视的产品特性和功用，能够解决顾客遇到的问题并弥补其在产品体验中的不愉快。

（8）渠道创新。渠道创新是指将产品与顾客和用户联系在一起的所有手段。虽然电子商务在近年来成为主导力量，但实体店等传统渠道还是很重要，特别是在创造身临其境的体验方面。例如，一些善于创新者常常能发掘出多种互补方式，将他们的产品和服务呈现给顾客。

（9）品牌创新。品牌创新有助于顾客和用户识别、记住企业的产品，并在面对该企业和竞争对手的产品或替代品时选择该企业的产品。好的品牌创新能够形成一种"承诺"，吸引顾客并传递一种与众不同的身份感。

（10）顾客契合创新。顾客契合创新即了解顾客和用户的深层愿望，并建立顾客与公司之间富有意义的联系。顾客契合创新开辟了广阔的探索空间，可以帮助人们找到合适的方式，把自己生活的一部分变得更加难忘、富有成效并充满喜悦。

只选择以上一两种创新类型不足以获得持久的成功，尤其是单纯的产品性能创新，很容易被模仿、被超越。创新主体需要综合应用上述多种创新类型，才能打造持续的竞争优势。

（二）创业的概念与类型

1．创业的概念

创业的原意是"创立基业"或者"建功立业"。《辞海》（第六版）对创业的解释是"创立基业"。"创业"一词最早出现于《孟子·梁惠王下》，"君子创业垂统，为可继也"，将创建功业与一脉相承、流传后世联系起来。"创业"一词由"创"和"业"组成。"创"一般指创建、创新、创立、创造、创意。而"业"一般是指学业、业务、工作、专业、就业、转业、事业、财产、家业等。由此可以看出，创业有丰富的内涵，不单单指创办企业。

对于创业，不同的学者从不同的角度出发对其有不同的解释。有人认为，创业是创业者对自己拥有的资源或通过努力能够拥有的资源进行优化整合，从而创造出更大经济或社会价值的过程。还有人认为，创业是一种劳动方式，是一种需要创业者运营、组织，运用服务、技术、器物进行思考、推理和判断的行为。全球创业研究和创业教育的开拓者杰夫里·蒂蒙斯教授认为："创业是一种思考、推理和行为方式，其为机会所驱动，需要在方法上全盘考虑并拥有和谐的领导能力。创业导致价值的产生、增加、实现和更新，不只是为所有者，也为所有参与者和利益相关者。"当代管理大师彼得·德鲁克认为："任何敢于面对决策的人，都可能会通过学习成为一个创业者并具有创业精神。创业是一种行为，而不是个人的性格特征。"创业是一种可以组织并且需要组织的系统性工作。

借鉴以上各种定义并结合现实创业实践内容，笔者将开创新事业、扩大现有的生产规模或改变现有的经营模式都归结为创业。

2．创业的类型

随着创业活动的广泛开展，创业活动的类型也呈现出多样化的趋势。了解创业类型，比较不同类型创业活动的特点，有助于我们更好地理解和开展创业活动。创业类型的划分方式很多，所依据的标准也不尽相同。因此，本书从不同的维度出发，以全面的视角看待创业，对创业的类型进行划分。

（1）依创业目的可分为机会型创业和生存型创业。机会型创业是指创业的出发点并非为了谋生，而是为了抓住和利用市场机遇。其以市场机会为目标，以创造新的需要或满足潜在需求为目标，因而会带动新产业的发展。生存型创业是指为了谋生而自觉或被迫地创业，大多偏于追随和模仿，因而往往会加剧市场竞争。

（2）依创业起点可分为创建新企业和既有组织内创业。创建新企业是指创业者从无到有地创建全新企业的过程。这个过程充满机遇和希望，但风险和难度也大，创业者往往缺乏足够的资源、经验和支持。既有组织内创业是指在现有组织内的有目的的创新过程。以企业组织为例，可指公司由于产品、营销以及组织管理体系等方面的原因，在企业内进行重新创建的过程。

（3）依创业者数量可分为独立创业和合伙创业。独立创业是指创业者独自创办自己的企业，其优势在于产权归创业者个人所有，企业由创业者自由掌控，决策迅速，但其劣势在于创业者要独自承担风险，创业资源整合比较困难，并且受个人才能限制。合伙创业是指与他人共同创办企业，其优势和劣势正好与独立创业相反。

（4）依创业项目性质可分为传统技能型创业、高新技术型创业和知识服务型创业。传统技能型创业是指使用传统技术、工艺的创业项目，如酿酒、中药研发、工艺美术品制作等，这些独特的传统技能项目在市场上表现出经久不衰的竞争力。高新技术型创业是指知识密集度高，带有前沿性和研究开发性质的新技术、新产品的创业项目。例如，将航空航天等高新技术领域的成果实现产业化，研发新产品。知识服务型创业是指为人们提供知识、信息等内容的创业项目。当今社会，会计师事务所、工程咨询公司等各类知识型咨询服务机构不断细化和增加，这类项目投资少、见效快，竞争也非常激烈。

（5）依创业方向和风险可分为依附型创业、尾随型创业、独创型创业和对抗型创业。依附型创业可分为两种情况：一是依附于大企业或产业链而生存，在产业链中明确自己的角色，为大企业提供配套服务；二是获取经营权和使用权。例如，利用知名品牌效应和成熟的经营管理模式，通过连锁、加盟等方式进行创业。尾随型创业，即模仿他人创业，行业内已经有同类企业或类似经营项目。独创型创业是指提供的产品和服务能够填补市场空白。大到独创商品，小到商品的某种技术，如环保洗衣粉等。对抗型创业是指进入其他企业已经形成垄断地位的某个市场，与之对抗较量。

（6）依创业方式可分为复制型创业、模仿型创业、安定型创业和冒险型创业。复制型创业是在现有经营模式的基础上进行简单复制的过程。例如，某人原本在一家化工品制造企业担任生产部经理，后来离职创立一家与原化工品制造企业相似的新企业，且生产的产品和销售渠道与原来的企业相似。模仿型创业是一种在借鉴现有成功企业经验的基础上进行的重复性创业。这种创业虽然给顾客带来新创造的价值较低，创新的成分也较少，但对创业者自身命运的改变还是很大的。例如，某软件工程师辞职后，模仿别人开一家餐饮店。这种形式的创业具有较高的不确定性，学习过程长，犯错误的概率大，试错成本也较高。不过，创业者如果具有较高的素质，那么只要他受过专门的系统培训，注意把握市场进入契机，其创业成功的可能性就比较大。安定型创业是一种在比较熟悉的领域进行的不确定因素较少的创业。例如，企业内的研发团队在开发完成一项新产品之后，继续在该企业内开发另一款新的产品。这种创业形式强调的是个人创业精神的最大限度的实现，而不是对原有组织结构进行设计和调整。冒险型创业是一种在不熟悉的领域进行的不确定性较大的创业。这种创业除了对创业者具有较大的挑战外，还给其个人前途带来很大的不确定性。通常情况下，那些以创新的方式为人们提供具有自主知识产权的新产品、新服务的创业活动，便属于这种类型的创业。

二、创新创业教育目标和内容

（一）创新创业教育目标

建立准确、科学的创新创业教育目标是实现创新创业教育长期战略目标的基本要求。高校作为创新创业教育的主干，在创新创业教育培育体系中发挥着关键作用，在理解、确定创新创业教育目标时可将其分解为以下3个方面。

1.教学目标

创新创业教育应体现在教学中并贯穿教学的全过程。一方面，应根据创新创业教育的规律和特点开设创新创业教育课程，将创新创业的思想、理念融入日常教学，以创新创业教育带动传统教学课程体系的改革和相关学科的发展。另一方面，调整专业课程的设置，充分挖掘和利用各类专业课程的创新创业教育资源。同时，重视学科交叉、学科互补，建设依次递进、有机衔接、科学合理的创新创业教育专门课程群，使创新创业教育通过教学课程体系实现与专业教育的融合。

2.实践目标

实践性是创新创业教育的基本特征和落脚点。只有明确创新创业教育的实践性，将理论与课程教育转化为学生的创新创业实践，才能避免创新创业教育的理论化、形式化。因此，创新创业教育应以培养学生创新创业实践能力为重点，深入实施大学生创新创业训练计划，建设校外实践教育基地、创业示范基地、创业实习基地，充分利用学校、政府、社会各项资源，建设创新创业教育实践平台，营造良好的创新创业教育氛围，实现教学与实践的互动、学校与社会的衔接。

3．素质目标

创新创业教育是一项旨在培养学生终身受益的创新精神和创业品质的长期教育工程。从根本上讲，创新创业教育是一种素质教育，核心目标是培养学生的创新创业素质。这样的定位决定了创新创业教育是培养和提升大学生决策能力、组织能力、管理协调能力、领导能力等创业素质的主要渠道和方式，通过创新创业教育的开展，激发学生的创业意识，塑造学生的创业品格，培育学生的创业能力，使学生的综合素质得到全面发展，并通过学生创新创业精神的传递和创新创业实践活动的扩展，带动创新型社会的形成。

（二）创新创业教育内容

创新创业教育的内容极其丰富，涵盖面广，主要包括对学生创新创业意识、能力、心理品质、综合知识各方面的培养，涉及创新教育、创业教育、心理教育和专业教育等。其开展的内容包括提供各方面的创新创业咨询、信息服务和多种形式的技术支持，并开展创新创业培训课程、实训活动，为学生提供创新创业场所、基地等，还要为大学生设立创新创业扶持资金、专项基金和各种科研平台等。教育的开展方式也很多样，主要涉及课堂教学、校内实践和校外拓展等。

1．创新创业意识

只有具备创新创业意识，才能形成创新创业行动的思想基础。拥有创新创业意识是指创业者相信自己的个人素质和能力能够提高到或已经达到创业所需水平，愿意开展创新创业行为，继而为此寻找契机、开始创业前的准备活动。如果将其外延扩大，也可以理解成一种"开拓意识"，也就是通俗意义上所说的"闯劲"。在开展创新创业教育的初期，培养全体学生的开拓意识，对提升国家和社会对创新创业的认可度及整个国家的创新精神具有重要的意义。

2．创新创业能力

创新创业能力是创新创业型人才应具备的核心素质，指在已有情境里为圆满解决创新创业过程中的问题而综合使用的各种策略和手段。创新创业能力包括创新能力、学习能力、人际交往能力、经营管理能力、自我发展能力等与创新创业直接或间接相关的多种能力。

3．创新创业心理品质

健康的心理品质是创新创业成功的主要条件。创新创业心理品质是指在创业实践活动中对人的心理和行为起调节作用的个性意识特征，也就是我们通常所说的情感与意志。其主要包括与创新创业有关的心理素质以及情感过程与意志过程，也包括在教育过程中努力培养的学生的创新创业心理品质，学生的合作精神和团队意识、顽强的意志和抗挫折能力、稳定而积极的情绪等。

4．创新创业综合知识

创新创业教育是一项系统工程，只有以综合知识为主要学习内容，才能形成一套完整的教育体系。在培养大学生创新创业意识、能力，使其具备好的心理品质的同时，还要使大学生具备一定的有关创新创业的社会综合知识，这是开展创新创业教育的必然要求。创新创业知识是指与创新创业相关的专业知识、技术知识、经营知识、管理知识等综合知识。这些综合知识包括创新创业过程中涉及的基本政策法规、税收制度、市场环境等，以及经济核算方法、企业经营管理特点、商务谈判技巧等。

三、创新创业教育特征和功能

（一）创新创业教育特征

作为一种全新的教育理念和教育模式，创新创业教育与传统教育相比有着无可比拟的优越性。把握其特性，有助于我们进一步全面理解创新创业教育的意义。具体来讲，创新创业教育有如下特征。

1．先进性

创新创业教育是一种具有前沿性的全新理念，其发展史不长，从世界范围看也还没有一个现成的、完整的模式可供参考，在实践中也没有一个统一的样板可供运用，因而需要我们不断探索。创新创业教育瞄准的是未来教育的趋势和需要，因其具有先进性，具体实施时对社会环境也提出了更高的要求。创新创业教育能够紧扣时代脉搏，发展创新型国家理论，体现时代精神，是一种先进的、科学的教育理念和模式。

2．实践性

为了用最简捷的办法让学生知晓创新创业的流程、知识、技巧以及可能会遇到的一些问题，做到准确把握、有的放矢，创新创业教育教学实践应一改传统的讲授模式，注重学生的实践过程。因此，在人才培养的过程中，应组织一线有经验的老师，借鉴先进地区的做法，为学生搭建更多实践性平台，全面推广实践教学，让学生在实践过程中掌握创新创业的本领，在实践中体验和了解书本上没有但实际会涉及的社会生存和处事方法，从而更好地适应和融入社会。加强社会实践活动是创新创业教育的一个重要环节，通过社会实践，学生能正确地面对社会现实，并根据社会需要提高相关职业能力，提升自己的素质。

3．系统性

每个高校毕业生的背后都寄托着一个家庭的殷切希望。因此，每一批高校毕业生都关系着数百万家庭的幸福与和谐，也可以说寄托着社会各界乃至整个国家的希望。教育部有关文件也特别强调，要把创新创业教育有效纳入专业教育和文化素质教育教学计划和学分体系，建立多层次、立体化的创新创业教育课程体系。因此，可以看出创新创业教育的系统是复杂而庞大的，主要体现在：其教育过程是通过各种可利用的教育方式来培养的，不仅有理论，也有实践，而且要不断在探索中前进；其内容涉及经济社会文化的各个层面甚至各交叉层面；其实施不仅需要高校的教育，还需要社会各界的支持与理解、广泛联系与交流，这样其科学系统性才能发挥良好的作用。

4．灵活性

相比其他教育模式，创新创业教育没有固定的模式，可以通过各种方法、途径来进行，非常灵活。创新创业教育是以市场为导向、以能力培养为目标的教育。新颖的体例、鲜活的内容、恰当的实训、有关创业的思考等都可以作为教学案例，进行灵活运用。教育活动中素材的选择和应用会随着不同环境而变化，在实践中为适应不同层次的需要所产生的价值也会不同。所以，要满足不同学生的学习需要，锻炼、培养、提高学生各方面的能力，应灵活设计教育教学的各个环节，采用多样的教学手段，不能一概而论。

（二）创新创业教育功能

创新创业教育是一个完整的系统，具备完善的功能。通过归纳概括，笔者认为其有以下3个方面的功能：服务社会功能、促进大学生全面发展功能和深化教育改革功能。

1．服务社会功能

创新创业教育是教育的一种社会实践活动，对促进国家加快转变经济发展方式、建设创新型国家起着非常重要的作用。一个国家的创新创业教育水平越高，社会效益和经济效益也就越好；社会的创新创业型人才发展越快，人们的物质文化生活水平也就越高，从而极大地推动社会的繁荣进步与发展。目前，创新创业无疑表现为促进经济增长的一个非常重要且积极的因素。创新创业教育还有利于化解就业难题，消除社会不稳定因素，建设和谐社会。现在我国经济正处于稳定增长状态，发展创新创业教育对促进社会稳定、建设人力资源强国尤为重要。因此，应充分发挥好创新创业教育职能，使受教育的学生将来成为社会财富的创造者，成为社会发展的有力推动者。

2．促进大学生全面发展功能

创新创业教育强调全面激发人的潜能，培养大学生创新性的思维方式，培养学生的能力以及技术、社交和管理技能，使大学生通过树立正确的世界观、人生观、价值观，确定自己的职业生涯，获得人生的成功。创新创业教育始终坚持以人为本，坚持面向全体，强调人的主体性和自由个性，帮助学生学会处理与他人、集体、社会的关系，给学生提供一个自由的空间。大学生可以通过完善自身的技能，提高自己的创造力，为未来职业生涯打下良好的基础。因此，创新创业教育学习和实践，既能培养大学生的健全人格，又能拓展他们的知识和能力，从而有益于提高大学生的整体素质，促进大学生的全面发展。

3．深化教育改革功能

把创新创业教育教学纳入学校改革发展规划、纳入教育教学评估指标，从根本上对传统教育理念进行深层次改革，确立与之相适应的人才培养模式，制订专门计划，明确部门职能，改革现有的专业教育和课程体系，对提高人才培养质量，保证高等教育的持续、健康发展起着重要作用。大学生创新创业教育通过树立科学发展观，创新教学内容、教学方法与评价方式，打破传统教育理念的局限性，注重教育方法的启发性与参与性，使课堂的体验性和开创性得以充分发挥，不断实现教育功能的跨越式发展，培养出具有开拓精神、创新精神和国际竞争力的人才。

四、创新创业教育的必要性

（一）从大环境分析创新创业教育的必要性

第一，2021年10月12日，《国务院办公厅关于进一步支持大学生创新创业的指导意见》（以下简称《意见》）公开发布。《意见》明确提出：将创新创业教育贯穿人才培养全过程。深化高校创新创业教育改革，健全课堂教学、自主学习、结合实践、指导帮扶、文化引领融为一体的高校创新创业教育体系，增强大学生的创新精神、创业意识和创新创业能力。建立以创新创业为导向的新型人才培养模式，健全校校、校企、校地、校所协同的创新创业人才培养机制，打造一批创新创业教育特色示范课程（教育部牵头，人力资源和社会保障部等按职责分工负责）。

第二，21世纪经济发展呈现出新的特点，经济增长与科技创新以及人才质量之间的关系越来越密切。在这种前提下，高校作为人才培养单位必须清楚认识到，创新人才的培养目前已经成为一项重要任务。我国只有在人才这一核心竞争中占据优势，才能保证在国际竞争中立于不败之地。

（二）从学生的角度分析创新创业教育的必要性

第一，让学生更好地理解创业。近年来，很多刚毕业的学生在合作的前提下取得了良好的创业成果，对大学生实施创新创业的教育，可以让大学生更好地了解相关政策，更好地理解创业的意义，对于大学生的就业来说，也非常有帮助。

第二，培养学生的创新意识。随着时代的不断发展，我们不断地意识到知识的重要性，创新也成为衡量我们个人才能的一大因素。每个学校对学生实施创新创业的教育，不仅可以让学生更好地理解创新创业，也可以培养学生的创新意识，对于学生未来的发展具有一定的帮助与指导意义。

第三，响应国家号召，适应当前教育发展要求。自2021年《意见》发布以来，各地政府为响应中央号召，相继出台了一系列针对高校学生创新创业的优惠政策。各级政府还根据大学生创新创业的具体情况，统筹安排各项资金，支持小微企业，扶持大学生创业，并落实科技企业孵化器、大学科技园、研发费用加计扣除等利好型政策。此外，一些高校本身还建立健全弹性学籍制度，支持创业学生保留学籍，解除这一部分学生的后顾之忧。

（三）从学校角度分析创新创业教育的必要性

第一，不同类型的高校毕业生竞争力各异。残酷的现实要求高校在教学过程中，更要加强对学生的创新创业教育，鼓励学生自谋出路，提高学生毕业以后的发展质量。

第二，在同类高校中，毕业生之间也是存在竞争关系的。以会计专业为例，如果学生仅仅掌握书本理论知识，考取基本的从业资格证书，那么在就业市场饱和的情况下，该专业毕业的学生就没有太大的竞争优势。但如果在学生考取从业资格证书的同时，学校加强对学生的创业意识教育，调动学生的创业积极性，培养其更多的优秀品质，让学生用专业知识"武装"自己，那么学生毕业后就业会相对容易一些。

总之，推进"大众创业、万众创新"是社会发展的动力之源，更是富民强国之策。学校肩负着培养人才的重任，应该在创新创业教育上加大投入，深化改革，使学生通过创新创业实现新的突破，从而实现创新支持创业、创业带动创新的良性发展。

第二节　创新与创业教育的耦合机制

一、创新教育与创业教育的异同点

（一）创新教育与创业教育的相同点

1. 整体培养目标一致

素质教育主要以培养学生的全面发展为目的，重点针对学生的综合素质和创新能力进行培养。中共中央、国务院作出的《关于深化教育改革全面推进素质教育的决定》指出，要全面贯彻党的教育方针，就必须实施素质教育，旨在提高国民素质，重点培养学生的创新精神和实践能力，造就有理想、有道德、有文化、有纪律、德智体美等全面发展的社会主义事业建设者和接班人。培养创新精神和创业能力是实施素质教育的重点，创新与创业教育所培养的人才只有具备创新精神，才能符合知识经济时代发展对人才的要求。

创新教育旨在培养学生的综合素质，以培养学生的创新与创业能力为基本价值取向，全面发展学生的整体素质。在教学过程中，要将第一与第二课堂结合起来，即理论教学与实践活动相结合，最大限度地帮助学生选择知识和牢固地掌握理论知识，并将其进行相互融合，形成系统性的知识网络，进行创新知识体验，逐渐形成素质教育理念。创业教育是培养学生适应社会发展、市场变化而进行的教育，重点培养学生创业的独立性、择业的自律性，帮助学生利用自身现有资源开创事业。因此，培养具有创新精神和创业能力的人才，是提高我国综合国力的必要举措，是顺应时代发展要求与经济发展趋势的必然选择。从创业意义上看，创业能力的强弱直接凸显出创新意识与实践能力的强弱。所以，创新创业教育的重心与目标在整体层面上是一致的，旨在培养学生的创新精神和实践能力，培育社会发展所需要的创新创业型人才。

2．核心内容本质相通

从内容上讲，创新、创业是当代青年对于历史性问题的继承与发展。创新包括两个层面：一是社会价值层面，创新给人类文明带来了质的变化；二是个人价值层面，个人价值是体现自身创造价值的重要层面，包括个人创造的新事物、新知识、新理念、新方法等。大学生进行创新实践可以认为是大学生本身从事创新活动的基本心理形态，包括创新意识、创新思维、创新技能、创新理念4个方面。所谓创新意识，指的是在创新活动中体现出的主观意识和形态，表现为服从客观规律、侧重理性思考与问题质疑、追求自我超越等方面。创新思维则更侧重于创造力本身，以思维创新来带动实践创新，不断循环。创新思维包括发散式思维、想象力思维、逻辑性思维、直觉性思维等。创新技能则体现了个人不同方面的能力，如信息搜索能力、问题分析与处理能力、动手能力、操作控制能力等。创新理念指的是个体在创新实践中非刻意表现出来的个性特征，如沉着冷静、勇敢坚定、好奇心强、独立自主、意志力强、乐于挑战自我、勇往直前和态度认真等。个体在品质上的差异在一定程度上将影响其创新成就的高低，所以创新理念的形成是创新精神培养的一个不可缺少的阶段。

与创新一样，创业也包括社会价值与个人价值两个层面。社会价值的创业满足了发展生产力的需要，通过为社会提供新的产品或服务实现为社会增添财富和工作岗位；个人价值的创业不但使个人获得精神物质回报，也为其创新、创造、施展才华提供了广阔天地。《面向21世纪教育振兴行动计划》指出，要对学生进行创业教育，首先要加强教师的创业教育培训，同时对学生的创业行为予以肯定并采取一定的鼓励措施。创业教育包括创业意识、创业精神、创业品质、创业能力4个方面的教育。所谓创业意识，是指在创业实践活动中对个人起动力作用的个性心理倾向。创业意识主要体现了创业者创业素质的社会性质，支配着创业者的创业行为与创业态度。所谓创业精神，是指创业者在创业过程中所具有的精神品质。创业品质则对创业者的心理有着很大的指引作用，其是创业者在创业过程中体现出来的心理活动与个性特征，与个人的气质、性格等有着一定的联系，主要表现为独立、勇敢、坚强、强大的意志力、适应性、乐于合作、善于协调等。创业能力则包括专业技能、经营管理、社会沟通、实践分析、信息的接收与分析、把握好市场商机等能力。

把创新与创业教育四个方面的内涵进行对比，可以看出，创新与创业教育的内容与结构之间是相互融合、相互渗透、相辅相成的。作为创业的基础，创新起着孵化器的作用，创业是创新的载体，也是其表现形式，二者结合可形成一个辩证统一体。两者都重视对学生基本素养的培育，也都注重发展学生的创新人格、创新意识、创新精神，目的都是培养学生的综合素质与终身学习能力，认为学生的学习不仅仅是为了毕业，更重要的是为自己整个人生做准备。创业教育通过发挥学生的主动性与潜能，形成内心强大与独立自主的品质，旨在促进学生的终身学习与发展，促进主体性与个性相结合的自由式发展，探索教育的本质，寻求发展的本质。创新是创业的基础，通过对人才在未来创业实践中的检测，才能够验证创新教育在实施过程中的成效。

3. 功能作用效果相同

创新教育不仅是教育方法的改革、教育手段的优化和教育内容的变化，还是为教育功能适应知识经济和市场经济提出来的。其是对教育功能的重新定位，是带有全局性、结构性的教育革新。创新教育追求人格发展的和谐性与特异性的统一，高度重视学生思维中的独创性，鼓励他们努力塑造智商情商和谐共融的、完美健全的理想化人格，最终成为能够改造世界的人。

创业教育着眼于使教育能够更好地适应社会、经济、文化的发展，从而改变以前教育脱离实际、社会、市场、经济发展的弊端，让教育更有目的性、针对性，贴近现实、社会、市场、经济的发展，拓宽学生的就业前景，让学生的个性得到充分展示，让学生在以后的人生发展中更加完美。创新教育的根基在于实践性，创业教育的根本内容决定了学生的创业心理素质和个人品行，同时也让学生能更加适应实际工作的需要，进而增强工作技能和经营管理能力，成为社会的强者。从某种意义上讲，创业教育的目的就是培养学生终身可持续发展的能力，使其在将来的学习过程中学会做人做事、发展生存、实现自我价值等，这些功能与创业教育凸显的创新精神和实践能力的培养有着相同的效果。

在当今知识经济快速发展的环境下，科学综合与行业综合发展已成为时代发展的潮流和趋势，其在教育方面表现为学科的交叉性、知识课程的融合性。不管是创新教育还是创业教育，都是综合性、交叉性的，两者都包括教学内容、教学方法以及学生的综合能力、教师的知识传授等。无论是创新教育还是创业教育，都是群体与个人创造能力的培养和创造活动的展开，都是为国家造福，为未来人类的发展而服务。两种教育都有各自的现实意义，都反映出教育面对社会和经济不断发展时的抉择和适应，也就意味着将摒弃单纯以升学为目的的教育行为，这也是21世纪以来教育要面向现代化、面向世界、面向未来发展的趋势。

（二）创新教育与创业教育的不同点

创新教育与创业教育都是顺应时代要求而产生的，将二者进行比较后，不难发现其在宏观价值追求上具有一致性，在内容与最终目标上具有相似或相同性，是相互融合、相辅相成的。但两者培养的方法和要求各有不同，因此，二者并不能互相取代。

按照国家关于人才培养的要求来看，创新教育更加侧重对个人潜能的挖掘和培养，而创业教育侧重对个人价值的培养。创业教育指向更加精确，内容更加丰富和具体，也是创新教育的进一步拓展。创新教育的培养目标可以概括为创造性和创造力。创造性指创新精神、创业意识和创造性人格。创造力指创造性思维、创造性知识和创造性能力。创业教育主要将对人的创新精神和能力进行培养作为教育的方针路线。创业教育之本是成物成己，"成物"是创造新事物，创建新企业；"成己"则是成为创新创业之才。

首先，创业教育可以培育创新意识、训练创新思维。创新思维不是机械地按照过去的经验或规范准则思考问题，而是根据新情况和新问题，突破常规思维的局限，寻找与众不同的、富有新意的解决问题的办法。创业教育是提升大学生创新意识、训练创新思维的有效途径。创业教育让学生了解什么是创业，怎样创业，指导他们对创业意义进行理解、创业成果进行认可、创业实例进行分析，激发创业兴趣，启迪创新意识，训练创新思维，培养创新精神。换言之，创业教育不是要求学生直接从事创业活动，而是让学生在大学阶段通过接受创业教育，了解创业的基本规律和路径，为未来的职业选择或创业活动准备必要的知识、素质和能力，尤其是创新式思维能力。作为创新教育的载体及表现形式，创业教育依旧需要建立在学生基本素质的培养上。在知识经济快速发展与经济全球化的今天，高校只注重对学生的创新教育显然是不够的，而且创新教育一旦脱离创业元素，创新精神和创新能力将失去其本身的意义和价值。对此，高校应该顺应时代的发展需求，把创业教育当作创新教育的推广和取向，将创业元素融入创新教育中去，促进学生从"就业"到"创业"的转型，进而培养出真正能够适应时代发展，具有创新能力的高素质人才。

其次，从功能体现上来看，创业教育不能替代创新教育，从传统教育方式到素质教育模式可以发现，大学为社会服务的使命感在增强，文化传承到文化创新的转变力度在加大，对开创性人才的培养更加重视。值得关注的是，创业教育不仅是一种理念，还是素质教育与创新教育走向实践的载体。

再次，从实现途径上看，创新教育是一种新的教育思想和教育观念，而不是一门具体的课程或具体的方法，其贯穿学校教育教学活动的全过程。大学的创新教育是通过学校的各种活动实现的，是与专业教育协同进行并寓于专业教育之中的。创新教育强调基础性的知识和技能训练，需要具体的人才培养模式和实践平台才能得以实现，有着更高的起点和追求。其融合了人文与科学，体现了大学的学术性特点。创业教育则有其独特的课程内容体系，涉及的更多是应用学科，包括创业意识类、创业个性类、创业能力类、创业知识类。课程实践也有多种，如学科课程、活动课程、环境课程、创业实践课程等。

最后，从具体的教育教学内容来看，主要有以下区别。

1. 创新与创业意识的培养

创新意识作为个体参与创新活动的主观意愿和态度取向，侧重于挖掘知识的发展前景，对学生的创新欲望进行培养，使其心理品质有所提升，乐于质疑，敢于追求，善于思考，尊重客观规律等。在创业意识中，通过创业实践活动对人的个性化行为进行一定的了解，对学生提出的要求、动力、想法等进行逐一的、有针对性的考虑，制订不同的培养方案。

2．创新与创业思维的培养

虽然二者都对学生的思维能力进行综合培养，拓展其思维空间，但是心理学上认为，创新思维是一种创新式形象思维，而创业思维是一种创新式逻辑思维，其比创新思维更侧重于逆向思维。

3．创新与创业精神的培养

创新是人们在已有的知识积累上对知识进行的进一步扩展和延伸，从而衍生出新知识的过程。创新精神更注重对学生好奇心和探索精神的培养，创业精神则追求勇于冒险、不怕困难、迎难而上、上下求索的进取精神。

4．创新与创业能力的培养

创新能力主要是学生行为、动作等的反映，如对信息的获取、加工、分析、存储、处理等能力。创业能力是除了就业以外的其他独立生存的能力，这种能力是一种通过与市场行为之间的融合，顺利制定创业方向，努力实现创业目标的综合能力。创业能力不仅需要智力，而且更加注重综合素质和能力，包括专业技能、经验、管理技能、沟通技能、逻辑分析技能、解决问题的能力、信息处理能力、获取和把握机遇的能力等。

5．创新与创业品质的培养

创新品质指个体在参与创新活动时表现出来的稳定的心理素质，其注重培养学生独立、勇敢、辩证、专心等良好的个人修养与品行。创业品质是创业者在创业过程中，对自身心理和行为进行适当调节后表现出来的个性化心理特征。创业品质和每个人的性格、气质有着非常密切的关系，关注学生独立自主、勇于冒险、坚韧不拔、适应能力强、善于律己、善于合作的能力，其反映了创业者的组织能力和对问题的处理能力。总而言之，创业是以创新为基础的，同时也是创新的载体和内在表现。不同在于，前者注重自我价值的最终实现，而后者注重人的综合发展，两者之间既相互制约又相互促进，形成一个不可分割的辩证统一体。

二、创新教育与创业教育的耦合条件

（一）二者耦合的内在驱动因子

1．创业教育必须以创新教育为基础

众所周知，创新是人类社会发展的根本动力，教育领域内的创新能够带动人类

社会的发展。创新教育是知识经济时代的内在要求，在经济全球化背景下，我国高等教育必须面向世界、面向未来，培养与国际接轨的人才，培养具有创新精神的人才。创业教育的本质和核心是创新教育，是实施创新教育的一个关键突破口，是创新教育的具体化和深化，目的是培养大学生的创新精神和创新能力，是素质教育顺应时代要求的更高层次的定位。

目前，我国比较缺乏促进创新人才成长的机制，已有的科技成果评价机制和评价体系已经造成了重数量、轻质量的倾向。除此之外，用人制度上的一系列限制也使一些科技人才的能力得不到充分发挥，创造性受到压制。创新教育是创业教育的基础与起点，创业教育在一定意义上是创新教育的延伸。创新教育的质量在很大程度上决定了创业教育的质量。总之，创新教育具有十分重要的地位和至关重要的价值，它是创业教育的基础，甚至可以说是创业教育的生命。

2. 创新教育必须以创业教育为最终的实现形式

创业教育的实施十分重要，尤其在推动我国经济发展以及保持社会稳定方面。创业教育主要通过创新的教学方式与实践的过程来激发大学生的创业意识、创新意识、创业思维，从而使其成长为创新型人才。在此基础上，不断锻炼大学生的创新能力、创业技能，以实际的创业为出发点，达到创新教育的目标。此外，其直接反映的是经济社会发展的要求，其成功实践对大学生群体转变就业观念比较有利，以创业的形式来提高社会就业率，减轻政府压力，从而为社会的稳定作出贡献。创新教育体现了一系列的观念、思想和制度，是一种崭新的教育模式。对创新教育而言，更具直接相关性的还有创业教育和社会的整体发展。可以说，对创新教育质量的衡量还是要凭借创业教育，创业教育的质量越好，创新教育的质量就越好。

3. 当前，创业教育比创新教育更重要、更迫切

从劳动市场的需求看，公共机关要减员增效，难以再大量地接收大学毕业生，大企业则因结构调整难以提供充足的就业机会；从社会发展的趋势看，随着21世纪知识经济社会的到来，越来越需要更多运作灵活的创新企业和产品，可见独立创业对未来劳动力市场的重要性。

通过以上的梳理不难发现，尽管创新教育与创业教育有着各自明确的边界，互不等同，但二者并非相互独立甚至对立的，而是有着不可分割的内在联系。两者的关系表现为相互交叉、渗透与融合。在信息化、经济全球化大环境中，这种融合更多地表现为一种动态融合，即伴随着高校整个教育体系的方方面面，在这一过程中，创新精神、创业能力和创新意识的培养始终是创新创业教育体系成功的内在推动力。

创新与创业教育内在的辩证关系为其耦合提供了强劲的驱动力。从我国目前的教育体系现状来说，其本身存在的各种现实问题和发展需要也促使创新教育与创业教育体系有效耦合。

（二）二者耦合的外在促进因素

在创新与创业教育的耦合方面，政府的高度重视是一个有效的促进方式。党的十七大报告指出，要促进以创业带动就业，完善支持自主创业、自谋职业政策，加强就业观念教育，使更多劳动者成为创业者。在教育部的推动下，不少学校的创新创业教育也有了计划性，制定了相关制度和书面手册规范指引。当前，由于我国的产业结构不断调整，经济发展方式也在发生转变，这些变化都使得社会对科技人才和创业人才的需求加大，更多的创新机会和自主创业的舞台也应运而生。大学生从择业到创业，既是就业形势使然，也是我国经济增长的新亮点。深圳发展的实践过程，中关村、苏州工业园等地的创业实践和探索，都证实了创业对国家经济发展的推动作用，这些都为创新与创业教育的耦合提供了可靠的现实依据。

据统计，2020年毕业的大学生自主创业率只有6.74%，而发达国家为20%～30%，这些数据说明了我国高校创新创业教育的耦合还存在诸多问题。首先，高校还没有形成全方位、多角度和社会性的创新与创业教育氛围。社会、学校、家庭及个人对创新与创业缺乏了解，而且意识比较淡薄，没有认识到创新与创业教育的重要性与必要性。已经存在的创新与创业教育，教学目标比较模糊，主张创新与创业教育只是针对那些创新能力较强且想创业的学生所进行的一些创业技能培训，认为缺乏创新能力的学生不需要接受创新与创业教育。这些认识上的偏差严重打击了教师教学以及学生创新与创业的积极性，也严重阻碍了创新与创业教育的开展。其次，到目前为止，创新与创业教育课程还没有在某些应用型本科院校开设，仅仅停留在指导学生进行创业计划和就业方面，而且绝大多数教师在教授实践课时缺乏理论指导，主要依靠经验进行教学。再次，虽然有的院校开设了相关课程，但课程量较少。最后，部分教师缺乏创新与创业的实战经验，以书本为主，导致创新与创业教学效果很差，很难提高学生的创新与创业素质，无法在校园内、社会上形成浓郁的创新与创业氛围。

从创新教育与创业教育的受众群体角度来说，也需要建立二者耦合的教育体系。与通常的学习活动相比，创业教育对大学生来说，从理念的建立、计划的设计到开展创业活动都是全新的。大学生在接受创业教育的过程中，经历了一个全新的创业观念建立与实践的过程。对绝大多数的学生来说，"创业"是一个从未接触或思考过的概念。许多学生对创业的认知较少，在创业的实践上是一张"白纸"。因此，应通过创业教育培养大学生的创新素质。

相关调查显示，将创业活动理解为"实质性的经营活动"及"一般的社会实践活动"的大学生居多。对于从事创业活动的目的，将近一半的大学生认为是"锻炼才干"，其次为"营利"。总体来说，绝大多数大学生比较赞成在大学阶段参加创业活动，并且不少本科生、研究生有创业意向。此外，申请创业的大学生数量普遍减少，而那些提出创业申请的大学生都是有备而来的，他们创业公司的经营范围也出现了多种选择。调查表明，大学生在创业方面已逐步变得理智，进入了理性实践的新时期。当前，相当多的大学生只是把创业活动当作一种课余活动，用来丰富课余生活。就目前高校的创业教育以及大学生创业活动的现状和形势看，我国进行的创业教育还只是处于一个初级阶段，这与我国当前的经济发展程度、教育水平、人才培养模式和资本风险意识等有直接关系。因此，如何实现新的突破，使创业教育长期不衰，并收到更加实际的效果，已成为当前高校创业教育实施创新的一个重要课题。

在大学开设创业教育，对绝大多数的大学生来说，重要的是激发他们的创业意识和兴趣，在创业教育的过程中逐步培养起大学生的创新意识、思维、方法和能力。创业教育的直接成果是大学生成功进行自主创业，大学毕业生直接进入自主创业行列，直接推动国家经济的发展。如果是高科技的创业则直接推动国家的技术创新。

21世纪是创新、创业的时代，国家中长期教育改革和发展规划纲要也提出要进一步加强创新办学体制、人才培养体制以及教育管理体制，加大力度培养创新型、实用型、复合型人才。大学生是"机会型"创业的主力军，能够推动科技创新，加速科技成果的生产力转化，以创业带动就业。因此，高校重视大学生创新创业教育的耦合，作为外部力量的政府应营造有利于创新创业的环境并加强对大学生创新创业的扶持力度，有效地催生一批科技含量较高的中小企业，更好地为经济和社会发展服务。

三、创新教育与创业教育的耦合路径

（一）主体层面的耦合

从主体角度看，该耦合机制分为以下3个方面。

1.学校—社会、企业—学生的创新、创业耦合机制

高校必须针对社会当前和长远的经济、政治和文化等发展战略目标，提出包括专业、类型、层次、规模等在内的创新创业型人才培养的具体要求。高校应明确办学目标，以思想政治教育、素质教育、专业教育为依托，明确具体的服务面向和实际的社会目标，及时准确地向学生反映、传达社会的创新创业需求变化，完善人才市场供求信息发布制度，定期发布高等院校毕业生需求预测报告。高校还要不断提升学生的管理水平，了解学生自身对创新创业教育的需求，不断满足学生身心发展的需要。学校—社会、企业—学生的创新、创业耦合机制如图1-1所示。

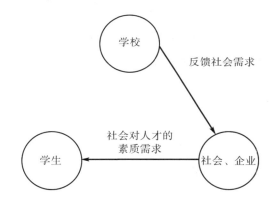

图1-1　学校—社会、企业—学生的创新、创业耦合机制

2.学生—学校—社会、企业的创新、创业耦合机制

该耦合机制的核心部分是大学生，他们也是最主要的受教育者，要求学生在完成学校教学目标的基础上，抓住机会，提升自身创新创业素质。同时，它还要求学生在校期间积极参加社会的创新实践，深入了解社会，充分认识自己，从社会中学习处世之道，有效地将自己所学的创新创业知识转化为社会财富。学生—学校—社会、企业的创新、创业耦合机制如图1-2所示。

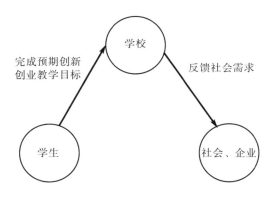

图1-2　学生－学校－社会、企业的创新、创业耦合机制

3.社会、企业—学校—学生的创新、创业耦合机制

实际上，该耦合机制有两个社会责任。第一个责任，及时地将各种创新创业型人才需求反馈给高校，便于高校顺利地调整创新创业教育的计划；第二个责任，为学生提供各种社会实践职位，提高他们将理论知识与工作实践相结合的能力。一般来说，提高实践能力是培养学生创新精神、创新能力的重要方式，可以激发学生的学习热情，帮助学生巩固所学的专业知识，为其创业增加成功的砝码。社会、企业—学校—学生的创新、创业耦合机制如图1-3所示。

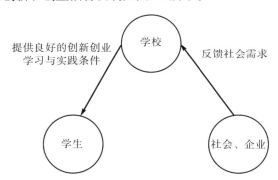

图1-3　社会、企业－学校－学生的创新、创业耦合机制

（二）体系层面的耦合

从教育体系各层面来看，该耦合机制分为以下4个方面。

1.教育目标层面：注重融合，形成一体化

创新是研究的主要动力来源，因而高校的职责应重在培养学生的创新创业能力，把创业思想纳入创新教育的培养体系，以培养学生的创新意识、创业技能等。把创新与创业理念相融合，纳入学校课堂教学、教育管理，实现全过程、全方位教育，并逐步达到教育育人、管理育人、服务育人的目的。在此基础上，形成第一课堂与第二课堂、理论教育与实践培训、显性课程与隐性课程、校园教育与社会教育、自我教育与榜样教育等紧密结合的教育机制，建立健全调研、检查、考核、监督、评估、反馈等工作机制，逐步形成一体化的创新创业教育机制。

2. 课程教学层面：注重渗透，形成层次化

作为创新创业教育的主渠道，课堂教学要把创新创业教育纳入其专业理论教学计划，分步实施，不断改革创新。首先，要从原先的专业理论课堂教学中分出一定课时来进行创新创业知识技能的专题讲授。其次，根据学生不同层次及专业的需求，开设大学生创新创业教育公共选修课。最后，条件相对成熟的研究型大学还可以设置一些创新创业教育的必修课程，并且组织相关专家学者和教师编写创新创业书籍作为教材，让每个在校学生都有机会系统学习创新创业教育理论知识。从教学内容的角度看，则要注意针对性、现实性、可学性和时代性，使学生经过系统学习后，不仅能树立起创新思维，增强创业意识，还能学到创新创业技能。除了传统的课堂教育，还需不断创新教学方式，积极拓展"第二课堂"，将学科专业教学、创新创业教育理论教学与实践活动等有机结合，让学生更多地接触、了解和掌握创新创业的相关知识和技能。

3. 社会实践层面：注重熏陶，形成长效化

创新创业教育的耦合要充分利用课外活动、参观学习、社会实践活动等载体，大力开展形式多样、寓教于乐的创业活动，帮助大学生建立创新思维，树立创业意识，并将其转化为实际行动。新形势下，大学生成长过程既具有普遍性的发展问题，又带有个体性的差异，因而还要注重创新、创业教育耦合的层次性。对一般的学生，可以通过开展普通的创新创业讲座、辅导与训练、素质拓展性训练、创业案例分析、创业基地参观实习等达到培养目的。对某些创新思维很灵活的学生，则要根据其个性特点，加强他们的创新创业锻炼，给予他们更多创新实践的机会，如创业大赛等，甚至制订专门的创新创业教育方案。

4. 校园文化层面：注重引领，形成统一性

大学生在一种特定的文化氛围中活动时，会受到其中特定群体在意识上的一些熏陶和影响，并且在社会化过程中形成一种文化意识和文化品格。因此，高校应该把创新创业教育耦合后的文化建设纳入校园文化建设，并将创新创业教育作为主要内容，根据大学生的身心发展以及成长规律，组织多种活动，营造一个良好的创新创业校园文化氛围。利用和发挥好各种宣传媒体资源（学校广播台、校刊、校报、宣传橱窗等）的优势，大力传播创新创业文化。开展创新创业教育与服务，并强化具有创业意愿大学生的参与意识。在校园文化建设方面，要更加注重提炼和升华创新、创业精神，提倡创新，用大学精神凝聚人心，形成统一。

因此，必须与时俱进，不断开拓创新，构建创新与创业教育的耦合机制，注重建设长效机制，并不断提高新时期高校创新创业教育的科学化水平。

第三节　创新创业精神与生涯发展

创新创业精神是以创新、变革为核心的个性品质，也是推动社会经济变革的重要力量。它既表现为创业者在创业实践活动中所体现出来的独特的市场判断能力、与众不同的行为方式，以及敢于冒险、敢于担当、百折不挠的意志品质等，也体现在一个国家或一个企业的技术创新、经营模式创新、管理制度创新、产业创新等方面。其既对创业者的人生追求和事业发展具有重要影响，也对企业的发展、民族的兴旺和国家繁荣具有重要影响。

一、创新创业精神的综合概述

（一）创新创业精神的概念

综合已有创新创业精神的定义，笔者这样界定创新创业精神：创新创业精神是创业者在创业过程中的重要行为特征的高度凝结，这种精神主要表现为敢于创新、勇担风险、团结协作、坚持不懈等。创新创业精神的基本内涵可以从哲学层面、心理学层面、行为学层面加以理解。从哲学层面看，创新创业精神是大众对创业行为在思想观念上的理性认识；从心理学层面看，创新创业精神是大众在创业过程中体现的创业意志和创业个性的心理基础；从行为学层面看，创新创业精神是大众在创业时所表现出的创业品质和创业素质的行为模式。创新创业精神是创业者各种素质的综合体现，其集冒险精神、风险意识、效益观念和科学精神于一体，体现了创业者具有开创性的观念、思想和个性，以及积极进取、不惧失败和敢于承担等优秀品质。创新创业精神不仅是一种抽象的品质，而且是推动创业者进行创业实践的重要力量。具体表现在以下三个方面：第一，创新创业精神能让创业者发现别人注意不到的趋势和变化，看到别人看不到的市场前景；第二，创新创业精神能让创业者在新事物、新环境、新技术、新需求、新动向面前具有较强的吸纳力和转化力；第三，创新创业精神能让创业者不断地寻找机遇，不断地追求创新，不断地推出新的产品和新的经营方式。

（二）创新创业精神的来源

创新创业精神的形成与发展受相应文化环境、产业环境、生存环境等的影响。

1．文化环境

创业本身是一种学习。创业者离不开现实文化环境。作为学习者，其所生活区域的文化就是学习的重要内容之一。因此，在一个商业文化氛围浓厚的地方，潜在的创业行动者容易培养创新创业精神。以温州为例，优良的商业文化传统孕育了当今温州商人的创新创业精神。

2．产业环境

不同的产业环境会对创新创业精神产生影响。对垄断行业而言，企业缺少竞争，就容易抑制创新创业精神的产生。在一个完全竞争的市场结构中，由于企业间优胜劣汰，竞争激烈，更有可能形成创新创业精神。

3．生存环境

常言道："穷则思变。"从生存环境看，资源贫瘠、条件恶劣的区域往往能激发人的斗志。从创业视角分析，在资源贫瘠的地方，人们为了改善生存状况而寻求发展机会，整合外界资源，进而催生创业念头，激发创新创业精神。

（三）创新创业精神的特征

经济学家约瑟夫·熊彼特专门研究了创业者创新和要求进步的积极性所导致的动荡和变化。熊彼特将创新创业精神看作一股"创造性的破坏力量"。因为，创业者创造的"新组合"使旧产业遭到淘汰，原有的经营方式被全新的、更好的方式取代。管理学家彼得·德鲁克则将这一理念又推进了一步，他将创业者称作主动寻求变化、对变化作出反应并将变化视为机会的人。

综观各个学派、各方人士对创新创业精神的理解，通过对古今中外创业者的创业活动和人格特征的深入分析，我们将创新创业精神的特征概括为以下几个方面。

1.综合性

创新创业精神是由很多精神特质综合作用而产生的。例如，创新精神、拼搏精神、专一精神、进取精神、合作精神等，都是创新创业精神的重要特质。

2.整体性

创新创业精神是由哲学层面的创业观念、心理学层面的创业意志和行为学层面的创业品质构成的整体，缺少其中任何一个层面，都无法构成创新创业精神。

3.先进性

创新创业精神体现在立志开创前无古人的事业，所以其必然具有超越历史的先进性，想前人之未曾想、做前人之未曾做。

4.时代性

不同时代的人面对着不同的物质生活条件和精神生活条件，创新创业精神的物质基础和精神营养自然有所不同，因而创新创业精神的内容也就各不相同。

5.地域性

创新创业精神还明显带有地域特色。例如，作为改革开放前沿的广东，其创新创业精神明显带有"敢为天下先""务实求真""开放兼容"和"独立自主"等特性。

（四）与创新创业精神无关的因素

1.创新创业精神与学历高低无关

创新创业精神与一个人学历的高低无关。无论是中学生、本科生还是博士生，只要其拥有创新创业精神，这种精神就不会因为学历的差距而有任何不同。

2.创新创业精神与企业大小无关

需要说明的是，创新创业精神与企业大小也没有关系。不论是大型企业的老板还是便利店的老板，在开办企业时，所需拥有的创新创业精神都是一样的，并不会因为所创企业的大小不同而使创新创业精神的本质有丝毫的区别。

（五）创新创业精神的作用

创新创业精神能激起人们进行创业实践的欲望，是一种心理上的内在动力机制。创新创业精神在很大程度上决定着一个人是否敢于投身创业实践，其支配着人们对创业实践活动的行为和态度，并影响行为和态度的方向及强度。

创新创业精神能够渗透到3个广阔的领域产生作用：个人成就的取得（个人如何成功地创建自己的企业）、大企业的成长（大公司如何使其整个组织都重新焕发创新创业精神，以具有更强的竞争力）和国家的经济发展（帮助人民变得富强）。创新创业精神的力量能够帮助个人、企业乃至整个国家或地区在面对竞争时走向成功和繁荣。当前，世界产业结构正经历着彻底转变，创新创业精神定会在我国发挥更大的作用，其有利于加快转变经济发展方式，促使经济社会又好又快发展。

（六）创新创业精神的培育

1.培育创业人格

个性特征对个体创业来说是极其重要的，尤其是"独立性""敢为性""坚持性"等特征。因此，人格的教育对创新创业精神的培养来说是十分重要的。高校要根据大学生的心理特点，有针对性地教授他们人格层面的知识，引导大学生树立心理健康意识、强化心理素质、提高心理调节能力和对社会的适应能力，培养学生坚韧不拔的意志品质和艰苦奋斗的内在精神，提高他们承受挫折和解决问题的能力。此外，还可以采用创业案例，剖析创业者的人格特征，对学生进行心理训练等，让他们了解形成良好心理素质与优秀人格特征的途径。

2.培养创新能力

创新能力是创新创业精神的核心，因而高校必须突出对学生创新能力的培养。一定要尊重学生的个性发展，爱护和培养学生的好奇心，为学生潜能的充分开发营造出一种良好的氛围，鼓励学生敢于突破。开设创新创造类课程，举办主题知识技能竞赛，让学生感受、理解创新的产生和发展过程，培养学生的创新思维和科学精神。

3.宣扬创业文化

高校应将创新创业精神有机地融入学科活动、科技活动等活动中，以培养学生的创新创业精神。高校可邀请企业家或校友来学校作报告，用他们的激情感染学生，鼓励学生，增强大学生对于创业的信心。

4．强化创业实践

鼓励学生在课余时间参加一些创业模拟和社会实践活动，增强学生对企业的了解以及对社会的适应能力。例如，在校内外开展创业竞赛活动、与外部企业联合开展学生的实习、见习等。"纸上得来终觉浅，绝知此事要躬行"，应让学生在实践中磨炼自己，形成正确的创业认知，培育创新创业精神，增强解决问题的能力。

二、创新创业精神与个人生涯发展

创新创业精神并不是与生俱来的，而是通过后天的学习、思考和实践获取的。创新创业精神一旦形成，就会对人的一生产生重要的影响。这种影响不仅体现在创业准备阶段并贯穿创业活动的始终，还体现在日常的工作、学习和生活中。从某种意义上说，创新创业精神不但决定个人生涯发展的态度，而且决定个人生涯发展的高度和速度。

（一）创新创业精神决定个人生涯发展的态度

作为一个社会人，其生涯发展必然要受到各种社会因素的影响。但是，不同的人由于其生涯发展的态度不同，所以在面临各种各样的发展机遇时，选择也不相同。创新创业精神作为一种思想观念、个性心理特征和行为模式的综合体，必然会对其生涯发展态度产生重要影响。例如，创新创业精神中思想观念的开放性、开创性，容易让人接受新思想、新事物，形成开放的态度，敢于开风气之先，从而想他人未曾想，做他人不敢做，成为事业上的领跑者。再如，创新创业精神中的创新精神、拼搏精神、进取精神、合作精神等，能使人树立积极的生活态度，在顺境中居安思危、不懈奋进，在逆境中不消沉萎靡、排除万难、励精图治，重新找到生涯发展的方向。"态度决定一切"，在相同的天赋和社会环境下，有创新创业精神的人有着比其他人更加积极的人生态度，所以更有可能发现机会、把握机会，也更有可能看到别人看不到的风景。

（二）创新创业精神决定个人生涯发展的高度

创新创业精神是一个人核心素质的集中体现，其不但决定了一个人在机遇面前的选择，而且决定了一个人的生涯目标和事业追求。具有创新创业精神的人，无论是创办自己的企业，还是在各种各样的企事业单位就业，都会志存高远、目光远大、心胸宽广。这样的人不但在事业上会取得更大的成绩，在个人品德和修为上也会达到更高的境界。

社会的不断进步既为个人的发展提供了更多的机会，也给其带来了更大的挑战。在这种背景下，大学生如果能够有意识地培养自己的创新创业精神，让个人理想与社会发展的趋势和节奏相吻合，就有可能使自己的事业发展达到一定的高度。但是，大学生如果在个人生涯发展上仍然沿袭封闭的思维模式，不去主动规划自己的职业生涯，一切等安排，一心只想找个安稳、清闲的"铁饭碗"，就很有可能会失望。

（三）创新创业精神决定个人生涯发展的速度

创新创业精神是一种主动精神和创造精神，这种精神能让人积极主动、优质、高效地做好自己承担的每一份工作，从而在平凡的岗位上作出不平凡的贡献。实践证明，具有创新创业精神的人，不管在什么岗位，不管从事什么职业，其强烈的成就动机，其追求增长、追求效率的欲望，都将转化为内心强劲的追求事业成功的动力。在这种动力驱使下，他们会将眼前的工作作为未来事业发展的起点，把握好生命中的每一个机会，做好自己从事的每一项工作。创新创业精神也是一种求真务实的精神。这种精神的本质就是实事求是、讲求实效，就是实干苦干、反对浮夸、反对空谈。在人类社会的发展史上，许多企业家正是凭借这种精神创造了辉煌；许多科学家、思想家、政治家、教育家和劳动模范，也正是凭借这种精神，从一个普通人成长为举世瞩目的业界精英。富有创新创业精神的人，敢于凭借自身实践与探索，"摸着石头过河"完成更多的任务，从而能够取得更快的发展。

第二章
创新创业教育的发展现状

第一节　我国大学生创业现状与存在的问题

一、我国大学生创业现状

（一）我国大学生创业的时代背景

1. 大数据时代来临

所谓大数据时代，是指随着互联网的发展和云计算的产生，数据渗透到当今世界的每一个行业和业务职能领域，已经成为重要的生产要素。2012年开始，大数据以及大数据时代等概念进入人们的生活，成为备受关注的话题。大数据时代的到来给创业带来了显著影响，概括来说主要表现在以下两个方面。

第一，数据挖掘和应用成为创业的重要领域。如阿里巴巴集团在经营淘宝、天猫等网络交易平台，支持众多中小企业完成网上交易的过程中，也积累了大量的消费者信息数据，对这些数据的挖掘成为重要的新型商业领域。为此，阿里巴巴集团于2012年7月宣布设立首席数据官，专职负责推进数据平台分享战略。

第二，重视商业数据的积累成为创业企业获得核心竞争优势的重要内容。由于数据成为重要的生产要素，现代经济的很多规律均体现在庞大的商业数据之中，如果不掌握这些数据，企业最终将难以获得核心技术知识，从而失去核心竞争力。

2. 互联网成为创业环境中最重要的物理支撑

随着互联网的快速发展，网络化仍然在以飞快的速度向更多领域拓展，成为影响创业的重要因素。

第一，网络在实体经济领域的拓展性应用，成为当今创业的重要领域。除了我们已经熟知的网络销售、网络书店等业务外，一些传统服务领域辅之以网络也实现了升级和发展。

第二，网络技术本身的不断发展和升级，开辟了许多新的创业空间。互联网是当代创业环境中重要的物理支撑；哪里网络发达，哪里就将成为创业最为肥沃的土壤，哪里就将孕育更多的企业。

3.知识经济时代来临

知识经济是指建立在知识的生产、使用和分配基础上的经济，知识经济已经成为人类社会新的经济增长方式和经济发展模式。知识经济具有显著的特点（见图2-1）。

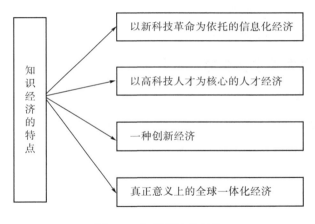

图 2-1　知识经济的特点

（1）知识经济时代创业的功能。

第一，创业是科技创新的扩容器。知识经济能够在一定程度上改变人们的就业方向和结构，而不能从根本上解决就业问题。事实上，在知识经济时代，新创企业可以通过提供就业岗位等来带动就业，这在一定程度上可以有效缓解就业压力，虽然不能从根本上解决就业问题，但对社会的发展起到了重要的推动作用。

第二，创业是科技创新的加速器。知识经济时代的创业可以将先进技术等转化为现实生产力，从而推动新产品和新服务的不断涌现，对推动经济增长和国家发展具有一定的促进作用。创业是让新知识和新技术等变为现实生产力的转化器，新企业要想在激烈的竞争中站稳脚跟，就必须采用一定的先进技术和科学手段。

第三，创业是经济发展的动力。在知识经济时代，无论是发达国家还是发展中国家，创业都在社会中广泛存在，正是有了创业活动，人们的各种需求才能得到满足，社会才能得到发展。

第四，创业是社会进步的推动器。创业活动丰富了市场，提高了人们的生活质量和水平，对于社会的稳定与和谐发展都具有一定的推动作用。

（2）知识经济时代创业的关键要素。

第一，持续创新，拥有自主技术。

第二，以技术引领市场，挖掘潜在需求。

第三，兼容并蓄，快速改革。视变化为机遇，把握市场方向和需求，抓住变革的方向和节奏并予以快速响应，才能在不断变化的环境中取得成功。

第四，拥有全球化的胸襟与眼光。具体表现在两个方面：一是要有融入全球化的勇气，二是要有全球布局的思维。

（二）我国大学生创业的基本状况

1. 创业意向强烈

在大学校园中，很多大学生想开一家属于自己的小店，想办一个自己的工作室，这就属于具有创业意向。目前，很多高校都将培养大学生的创业意识和思维作为高等教育的重要目标，还开设了关于创业的相关课程，为大学生提供创业方面的相关支持。

2. 创业领域多选择低风险行业

大学生在创业时一般会选择一些低风险的行业，如餐饮行业或者是销售行业，这两种行业一方面门槛比较低；另一方面所需要的资金比较少，创业风险相对较低。大学生在创业时选择这样两种比较容易上手的行业，一方面说明大学生还不够成熟，对于风险的承受能力较弱；另一方面也可以看出资金对于大学生创业具有重要作用。

3. 创业成功率低

虽然大学生的创业热情比较高，但很多大学生由于缺乏社会经验、资金以及人脉等，创业成功率非常低，所以，对大学生进行创业教育，使其具有一定的创业知识和能力是非常重要的。

二、我国大学生创业存在的问题

（一）缺少创业的基本知识和能力

很多大学生认为创业非常简单，认为只要有一点资金，然后租个门面，找个地方进点小商品，就是创业活动。殊不知，创业涉及资金、市场、财务管理等各方面的内容，如果这些方面的内容没有掌握好，创业很难取得成功。所以，对于在校大学生来说，大学期间的学习不仅仅是要修完本学科的课程，还需要为自己以后的创业活动积累知识和能力，只有具备了一定的条件和能力，才有资本去谈论创业。

（二）创业项目缺乏技术含量

许多大学生由于资金和能力等方面条件的限制，常常选择一些门槛低的行业进行创业，但这些行业由于缺少技术含量，和其他行业相比太过于大众化，所以市场潜力比较小，很难获得长久的发展。

（三）缺乏启动资金

足够多的创业资金能够为创业者带来强有力的经济支持，在资金的支持下，很多创业者能够将自己的想法付诸实践，让理想变为现实，但对于大学生来说，他们还没有迈入社会，没有太多的资金支持，虽然社会上对大学生的创业活动给予了很多支持，但有时由于条件及程序的限制，很多大学生仍然不能获得足够的资金，结果很多大学生由于缺乏创业资金而最终放弃创业。

（四）高校对创业教育重视程度不足

创业教育一词虽然很早就已经被提了出来，目前很多高校也开设了创业教育的相关课程，但创业教育的课程仍然不能与学术教育课程一样被高校重视，很多高校对大学生创业教育的重视程度不够，所开设的创业教育课程也没有系统性，这就导致了大学生在大学期间很难学到系统的创业教育课程，在大学期间所积累的创业知识也不能满足其创业的需要。

（五）缺少专业的教师团队

目前，很多高校都开设了与创业相关的课程，但却并没有为这些课程配备相关专业的教师，有很多课程的教师都是由就业中心的指导教师担任的，有的学校甚至还让毫无创业实践经验的辅导员担任创业教师。由此可见，很多高校创业教育教师的水平不高，这样的教师很难培养出具有良好创业知识和能力的学生，所以，高校应该重视专业教师团队的建设。

（六）学生创业服务平台不够完善

完善的创业平台和有效的创业载体是大学生创业的有力保障，但目前，我国很多高校并没有为大学生建立良好的服务平台，大学生在校内接受创业实践的机会少之又少。另外，还有很多高校提供的创业实践基地规模较小，这就导致了很多大学生根本就没有机会进入创业实践基地，一些大学生也因为缺少创业实践等而放弃了创业的想法。

（七）创业帮扶力度不够

对于创业者来说，资金具有重要作用，没有资金，什么事都干不成。虽然目前国家出台了许多支持大学生创业的政策和资金支持，但与实际需求相差甚远，很多大学生不得不通过申请创业资金来实现自己的创业梦想。与此同时，在申请创业资金的过程中困难重重，而且所需要花费的时间比较多，最终能否申请下来还是未知数，即使申请下来了，额度也比较小，所有这些问题都阻碍了大学生的创业活动。

三、提高大学生创业能力的策略

（一）从学生自身方面来说

大学生可以从以下两个方面着手来提高自己的创业能力。

1. 认真学习专业课知识和创业知识

大学生在校期间应该认真学习好自己的专业课知识，这样可以提高自己的专业素质，在以后创业时就可以有比较多的选择空间。另外，大学生如果打算自己创业，那么在大学期间还应该尽可能多地学习与创业相关的知识，提高自己的创业能力，还应经常关注国家的创业政策等。

2. 要不断提高自身的综合实践能力

大学生在校期间应该多参加一些社会实践活动，除了参加学校所提供的实践活动外，也可以通过兼职、实习等途径去参加社会实践活动，从中积累宝贵经验，以提高自己的创业能力。此外，大学生还应该重视提高自己的心理素质，因为如果没有良好的心理素质，是无法应对创业过程中所遇到的各种困难和挫折的。

（二）从高校方面来说

1．加强大学生的创业实践教育

高校应努力为大学生多提供一些创业实践的机会，另外，还需要通过正确的方式引导大学生参与其中，积累宝贵的经验。

2．加强大学生的创业心理素质培养

在创业过程中，大学生不可避免会遇到一些困难和挫折，这就要求大学生一定要具备应对这些困难和挫折的能力，具有良好的心理素质。所以，高校在对大学生进行创业教育的过程中一定要重视对大学生进行心理素质教育，只有具备了良好的心理素质，才能在遇到困难时能够用良好的心态去处理各种压力和问题，创业才有可能取得最终的成功。

3．加强大学生的创业能力

第一，高校要努力为大学生提供良好的创业机会。

第二，高校要结合目前实际情况为大学生开设比较实用的创业课程。

第三，正确引导大学生决策，提高其创造力。

4．积极搭建大学生创业平台

高校应该明确自己的职责，努力为创业大学生提供基金申请、税务和法律咨询、行业背景研究及项目投资分析服务等一系列服务，努力对创业者起到帮扶的作用。

（三）从政府方面来说

从政府方面来说，可以通过以下两种途径来提高大学生的创业能力。

1．加大资金投入

政府可以通过创立创业资金和创业贷款的方式加大对大学生创业资金的投入力度。

（1）创业资金。

第一，对于符合一定条件的大学生的创业项目提供无偿资助。

第二，提供用于大学生创业项目的小额贷款担保。

第三，大力支持大学生创业计划，鼓励其中优秀项目市场化。

（2）创业贷款。

政府在为大学生提供贷款时，应该简化手续，提高办事效率，尽量缩短大学生

取得创业资金的时间。

2. 完善创业融资政策，开拓创业融资政策新渠道

对于大学生来说，融资难是制约其创业的重要因素，因此，政府应该不断完善创业融资政策，努力开创融资渠道，为大学生的创业提供强有力的支持。

第一，借鉴他国的一些比较成功的经验，通过综合高校、政府以及社会各界的力量为大学生创业提供良好的融资渠道。

第二，可以根据实际情况进一步提高中小企业资金的信贷额度。

第二节　大学生创业就业的形势与政策保障

一、大学生创业形势与政策保障

（一）大学生创业形势

1. 国外大学生如何创业

20世纪70年代以来，伴随着科技的发展，国际上出现了注重创新教育发展和改革的浪潮。

1983年北京召开的"面向21世纪的教育"国际交流研讨会提出，21世纪人才构成的标准首要的是进取和创新精神。美国提出了突出创新、注重个性化培养的目标，日本提出了"综合化人才"培养的目标，德国的培养目标是"要使每个受教育者最大限度地发挥基本的潜在能力，并能创造出自己的未来"。世界范围内高等教育的改革，推动了教学管理体制和人才培养模式的改革与深化，为大学生科技创新、科技创业创造了良好的氛围。

在这种改革大潮的推动下，高校大学生的科技创新、科技创业活动如火如荼。特别是国外高校实行的纯粹意义上的学分制，即修满学分即可毕业而不受修业年限的限制，为大学生在校学习期间进行创业实践提供了必要的条件。而20世纪80年代以来，风行美国大学校园的大学生"创业计划大赛"更是为大学生的科技创新和科技创业活动创造了良好的氛围。

创业计划竞赛在美国得克萨斯州大学奥斯汀分校首赛以来,美国已有35所高校举办过该项赛事,如麻省理工学院(MIT)、斯坦福大学(Stanford University)、哈佛大学(Harvard University)等。其中麻省理工学院5万美元创业计划竞赛最为成功,从1990年至今已举办了10届,而且每年都有5~7家学生公司从大赛中诞生,并且有相当数量的"计划"被高新技术企业以上百万美元的价格买走。据MIT的一家咨询公司统计,在这个高技术公司云集的地方,表现最优秀的50家公司中有48%就出自MIT的创业竞赛。并有相当数量的公司获得了风险投资,这些由"创业计划"直接孵化出的企业中,有的在短短几年内就成长为年营业额数十亿美元的大公司。一批批的创业者在竞赛中得到锻炼和成长。风险投资家们蜂拥而入,在大学校园寻找未来的技术、经济领袖。从某种意义上说,发源于美国高校的"创业计划大赛"已经成为知识经济时代美国经济的直接驱动力量之一。

在这种创新、创业氛围影响下,国外高校的许多大学生都在积极致力于科技创新和创业。美国巴布森学院的一项调查显示,年龄在20~34岁的美国人中有近10%的人积极致力于创办自己的公司,至少是其他年龄段人数的3倍。他们中有在校大学生,也有大学毕业生。比尔·盖茨就是在大学二年级时毅然退学,抓住机遇,全身心投入他所钟爱的计算机开发研究中,终于成功创办了闻名于世的计算机软件"微软"。

2.我国大学生创业潮

面对科学技术在全球范围内的迅猛发展,面对着席卷全球的创业浪潮,改革开放的中国面临着巨大的挑战。科教兴国战略的提出,为高等教育深化改革和大学生创业注入了生机与活力,使大学校园发生令人欣喜而深刻的变化,"增强创新意识,培养创新精神,提高创新能力,立志科技创业",逐渐成为莘莘学子的自觉行动。一个前所未有的大学生创业潮正在悄然兴起,并日益显示出巨大的潜力和广阔的前景。

在创新、创业氛围的影响下,大学生学习的积极性、主动性、创造性得以激发,他们在努力学习科学文化知识的同时,积极投身于以课外科技活动为主要内容的第二课堂活动,一大批学生科技社团如雨后春笋般破土而出,大学生创造发明协会、计算机协会、网络协会、工程力学学会、应用数学协会、模具CAD协会、金融协会、工商管理协会等科技社团活跃,连接大学生的课内课外,各种大学生科技竞赛活动蓬勃开展，对大学生的创新、创业活动发挥了积极的推进作用。在大学生们的积极参与和推动下，中国科协、共青团中央和全国学联等陆续推出了"挑战杯"全国大学生课外学术科技作品竞赛、全国大学生数学建模竞赛等一系列重要赛事。

同时，各种地方性、校园内的科技竞赛更是不胜枚举。这些丰富多彩的科技社团活动和不同专业、不同形式的科技竞赛活动，极大地调动了大学生参与科技创新的积极性，其中涌现出一大批富有创新意识和高科技含量并具有市场潜力的学生科技成果。

在大学生科技活动、科技竞赛如火如荼开展的同时，"挑战杯"中国大学生创业计划竞赛活动应运而生。这种创业计划大赛不同于一般的专业比赛，其要求参赛的大学生结合自己的专业特长，围绕一项具有市场前景的产品或服务，经过深入的研究和广泛的市场调查，完成一份把产品或服务推向市场的完整而又具体的商业计划，同时创造条件吸引风险投资家和企业注入资金，推动商业计划真正走入市场。也就是说，其不仅要求学生拿出创新成果，而且要直接面向市场、面向社会，把研究成果转化为产品，使大学生由知识的拥有者变为直接为社会创造价值、作出贡献的创业者。

1998年5月，清华大学的一个学生社团——清华科技创业者协会，受美国大学商业计划大赛的启示，创办了中国大学生的第一个创业计划大赛。这次大赛历时5个多月，320名参赛学生组成的98个竞赛小组递交了144份预赛作品。由于比赛本身的性质和首创性，受到了众多媒体、专家、企业家和风险投资家的密切关注。中央电视台、中国教育电视台、北京电视台做了实况报道，联想、方正、同方、惠普、摩托罗拉、爱立信、麦肯锡等国内外大公司总裁纷纷来到清华园。

这是中国大学生创业激情的迸发，也是中国大学生创业之路的起点。在清华学生点燃创业之火之后，"创业"在许多大学校园中都成为令人热血沸腾的流行词，各地的高等学府纷纷酝酿自己的创业计划竞赛。1999年3月，由共青团中央、中国科协、全国学联主办，清华大学承办的"挑战杯"中国大学生创业计划竞赛隆重推出，进一步掀起了大学校园里的创业浪潮。

大学校园的创业潮虽然在我国高校兴起时间不长，但刚一问世便显露出勃勃生机和强劲势头，取得了引人瞩目的成绩。

在大学生创业潮中，这些立志自主创业的毕业生则全然不同，他们凭着自己的才智和胆识，满怀自信地选择了一条充满艰辛、充满风险，更充满光明的创业之路，向传统的就业观念发出了挑战。

3.教育改革为大学生创业导航

《中共中央国务院关于深化教育改革全面推进素质教育的决定》（以下简称《决定》）中指出：高等教育要重视培养大学生的创新能力、实践能力和创业精神，普遍提高大学生的人文素养和科学素质。这是对大学生培养目标的重要定位，高等教育是培养创新精神和创新人才的重要基地，为了激发学生独立思索和创新的意识，养成终身学习、分析解决问题和团结协作的能力，各高校不仅要在课程教学改革方面有新的突破，而且要积极组织大学生参加科学研究、技术开发和推广活动以及社会服务活动，采取必要的政策和措施，鼓励大学毕业生和毕业研究生利用自身优势，进入经济和社会主战场自主创业。

《决定》进一步指出：高等学校和中等职业学校要创造条件实行弹性学习制度，放宽招生和入学的年龄限制，允许学生分阶段完成学业，这就为大学生在校期间边读书边创业或休学创业、适当时机再继续完成学业创造了良好的环境。随着我国高校学分制的逐步建立，大学生完全有可能自主选择修业年限，而利用一定的时间从事科研开发和创业活动。党和国家的高度重视大学生的创业活动，也给予了政策上的支持，为大学生科技创新、科技创业指明了航向。

随着国家教育改革的不断深化，高校大学生的创业之举得到了各地方党委和政府的高度重视。经济、科学、教育改革的一系列重大举措，为当代大学生就业、创业提供了良好的环境，为具有创新意识、立志科技创业、艰苦创业的大学生施展才华创造了良好的条件，特别是大学生创业资金，是制约大学生创业发展的关键因素。1998年3月，由民建中央提交的《关于尽快发展我国风险投资事业的提案》被列为全国政协"一号提案"；同年10月，科技部与美国国际数据集团（IDC）签署协议，IDC将在7年之内在中国和科技部一起建立一个总额为10亿美元的风险投资基金。至此，随着知识经济的发展与普及，风险投资也在日益升温，从另一方面为创业者的创业提供资金保障。

4.高校改革为大学生创业搭台

随着高等教育改革的不断深化，各高校都在人才培养目标、培养模式，教学管理体制，课程结构的优化调整以及拓宽学生专业面，注重创新精神和实践能力的培养上进行了有益的探索和改革，使大学生全面发展有了广阔的空间，为大学生科技创新、立志创业创造了良好的条件。

面对清华学子高涨的创业热情和令人刮目相看的创业成果，清华大学作出决定并制定细则，允许一些创业前景好、自身条件优秀的学生中断学业去创业，学校为其保留学籍，等适当时候再让其重返清华完成学业。"大学生休学创业"一时间在大学校园中一石激起千层浪，浪潮中涌现出一个又一个创业者。

中国科学院制冷与低温工程专业的江西萍乡籍硕士研究生彭海，在回乡休假期间，代表家里出席村里的一次村民选举，经过努力取得村民信任后被推选参加村委会主任竞选，并成功当选。彭海被选为村委会主任后，随即向中国科学院提出休学三年的报告，并获批准。

大学生休学创业尽管在我国高校中还为数不多，但毕竟为大学生多种形式就业开辟了一条充满希望与前途之路。为使优秀大学生的创新意识和创业之举能够更充分地得以施展，各高校不仅允许优秀大学生休学创业，而且从多方面努力，为在校大学生的创业活动和应届毕业大学生走上创业之路创造条件，这无疑是对大学生创业激情的巨大鼓舞，也使更多的大学生感受到了21世纪科学技术、经济发展所赋予的历史使命。

大学生在学业完成的基础上，在校创业、休学创业、毕业创业，虽然形式不同，却实实在在地引发了一场中国教育改革，对传统的教育体制和人才培养观点提出了严峻的挑战。大学生创业并不是20世纪80年代"经商风"的翻版，而是学业知识、科学技术的展示与创新，因而也备受高等学校的重视，为培养创新型人才、迎接科技革命挑战开辟了一条适应时代发展的、前所未有又充满希望与挑战的光明之路。

北京大学鼓励学生在校创业，以学生创业公司冠名权为无形资产参股学生企业，为支持学生创业探索了一种新的方式。同时，学校还设立了创新奖，建立校、院（系）两级专门的组织系统，实施了"申请—资助—指导—完成—评审—奖励—深化"一条龙的学生创新服务体系。并且学校每年拨款5万元作为学生业余科研资助经费。

东南大学的国家大学科技园采用企业化运作模式，并制定了相关政策，鼓励大学教师和优秀高年级本科生、研究生入园创业，并鼓励个人以技术、资金入股，科技园根据项目的市场前景，注入风险投资基金，组建成股份公司。除了场地、资金及工商管理、知识产权保护、推荐上市等配套服务外，园内企业还将享受与高新技术开发区等同的税收优惠政策。

伴随着清华、北大等学校为大学生创业出台相应政策、措施予以支持，全国许多大学都开展了鼓励学生创业、扶持学生创业、帮助学生创业的一系列活动，在各高校的大力支持下，高校大学生的创业浪潮滚滚，生机勃勃。高校广泛开展了创业培训活动，开设了"创业论坛"，给学生做关于知识创新、风险投资、科技创业等方面的培训；邀请国内外知名学者、专家和企业人士为学生介绍他们的创业经历和成长历程。各高校在开展活动的同时，特别注重学生创新精神和实践能力的培养，使学生德、智、体诸多方面得到全面发展，使大学生创业活动依托于正确的思想指导。相应的政策保障、扎实的学生基础和良好的创业环境，为经济、科技的高速发展奠定了人才培养的基础。

5.经济改革为大学生创业培植沃土

我们既要从宏观上认识到经济和社会发展的美好前景，更要看到其与高等教育的发展之间的密切关系，特别是对人才的多种需求。对此，我们特别要关注以下几个特点。

坚持信息化带动工业化，发挥科技优势，实现生产力跨越式发展。信息产业将是21世纪世界经济发展中的支柱产业，信息人才并非必须完全是对口专业研究生毕业，有些非信息技术（IT）专业毕业生，经过培训，也可以成为很好的IT人才。实践证明，大学生就业工作特别是大学生创业活动中，以信息产业为发展目标并取得成功的人才不断出现。

我国对外开放进入一个崭新的历史阶段，国际合作和竞争都会加强，经济的全球化进程将进一步加剧，全球性的人才竞争特别是高级专门人才的竞争，将会愈演愈烈。这种竞争不仅仅是数量上的竞争，更是人才质量上的竞争。因此，中华民族伟大复兴实实在在地落到了当代青年的肩上。

面对经济和社会发展的前景以及我国社会发展带来的变化，我国迫切需要有知识、有能力、有魄力的青年一代，大学生将是肩负这一历史重任的主力军。经济的发展犹如一片沃土，为大学生施展自己的才华提供了一个难得的机遇。

（二）大学生创业政策保障

近年来，随着我国创新型国家建设的推进，以及高校毕业生就业压力的不断加大，国家对于大学生创业问题越来越重视。为支持大学生创业，中央和地方各级政府出台了许多优惠政策，涉及融资、注册、税收、创业培训、创业指导等诸多方面。

1．在注册资金方面的优惠

大学生毕业后两年内自主创业，到创业实体所在地的工商部门办理营业执照，注册资金在50万元以下的，允许分期到位，首期到位资金不低于注册资金的10%（出资额不低于3万元），一年内实缴注册资本追加到50%以上，余款可在3年内分期到位。

2．税收优惠

毕业生新办从事咨询业、信息业、技术服务业的企业或经营单位，经税务部门批准，免征企业所得税两年；新办从事交通运输、邮电通信的企业或经营单位，经税务部门批准，第一年免征企业所得税，第二年减半征收企业所得税；新办从事公用事业、商业、物资业、对外贸易业、旅游业、仓储业、居民服务业、饮食业、教育文化事业、卫生事业的企业或经营单位，经税务部门批准，免征企业所得税一年。

3．政府创业贷款扶持

2006年，中央组织部、中央宣传部、教育部等14个部门联合印发的《关于切实做好2006年普通高等学校毕业生就业工作的通知》中规定，进一步落实针对大学生的小额担保贷款，简化程序，提供开户和结算便利，贷款额度在3万～8万元，贷款期限两年，免利息。

二、我国大学生就业形势与政策保障

（一）大学生就业形势

1．大学生就业自身存在的问题

（1）就业理念滞后。多数大学生认为创业艰难，创业不如就业。只有少数大学生认为就业找饭碗不如创业谋发展，积极准备创业。"就业难不如再考研。"一些大学生总落实不了工作单位，或者对找到的工作不满意，就选择了继续读书，考取研究生继续深造。

（2）没有做好职业规划。很多大学生到了大四才着手就业的各项准备工作，结果各项准备工作都做得不细致、不扎实。去企业应聘时，有些大学生更是一问三不知，对应聘企业的业务没有一点了解。这种情况导致企业对大学生失去信心，认为大学生只会读书，没有一点实际能力，不愿意聘用大学生。究其原因，主要是大学生没有拟定职业规划，没有尽早为就业做好准备。

2.大学生就业面临的重大机遇

（1）非公有制单位对高校毕业生的需求急速增加。随着社会的快速发展，社会对人才的需求也越来越大。非公有制企业、乡镇企业也为毕业生就业提供了更多的机遇，广大基层和经济欠发达地区更为毕业生提供了施展才华的舞台。非公有制经济作为市场经济的重要组成部分，正在飞速发展，在国民经济领域中占据的地位也越来越重要。

（2）西部大开发需要大批人才。西部大开发战略是我国跨世纪发展战略，这一战略的实施需要大批德才兼备的人才。西部的生态重建、资源开发、城市化建设、经济社会的快速发展等都为大学生就业提供了宽阔的舞台。随着西部大开发的实施，西部省份各级政府也相继出台了一系列的人才优惠政策，从而吸引更多大学毕业生到西部工作。

（3）高新技术企业对高新技术人才的需求量日益增大。随着科技的不断发展，高新技术企业的数量也在快速增长，对相关专业的毕业生的需求也越来越大。与这些企业相关的专业，如计算机及应用、计算机软件、通信工程等，人才的需求量在就业市场上每年都位居前列。目前，各地、各行业都在积极吸引高新技术人才，争相为其提供优惠条件，创造良好的工作、生活和学习环境。这种日益浓厚的尊重知识、尊重人才的社会风气，会为大学毕业生创造更多的就业机会。

（4）基层单位和边远艰苦地区急需人才。基层单位和边远艰苦地区人才需求量很大，可以说各行各业都需要大批人才，而实际的情况是很多单位根本就招不上人。当代大学生应有担当，勇于到基层单位和边远艰苦地区去建功立业。

（二）大学生就业政策保障

我国政府和社会各界都非常重视大学毕业生的就业工作。从中央到地方，各级政府都制定了关于推进毕业生就业的政策，动员并支持社会各界、各行业、各单位以最大的可能性接收大学毕业生就业，并且形成了引导和鼓励高校毕业生到基层、艰苦地区、中小企业、非公有制企业等单位就业的一系列政策和较为完善的就业制度。

1.国家层面

面对严峻的就业形势，国家制定了一系列政策，促进大学毕业生顺利就业。

（1）鼓励和支持高校毕业生到基层工作。支持高校毕业生参与支教、支农、支医、扶农，到基层挂职锻炼。对于愿意到基层工作的毕业生，国家将根据工作需要从中选拔优秀人员到县、乡机关和学校及其他事业单位担任重要工作，或充实到基层金融、工商、税务、公安等部门工作，并明确规定以上单位的人员和专业技术岗位人员原则上都要具备大学以上学历并要有相关的专业证书。

（2）国家在一些特定行业和部门专门招收大学毕业生就业。具体有公务员招考录用、事业单位招收录用、大学生应征入伍、农村特岗教师、西部志愿者计划等。

（3）建立毕业生失业登记制度。各级政府可为未能就业的毕业生办理失业登记。劳动和社会保障部门所属的公共职业介绍机构和街道劳动保障机构应免费为其服务。对已登记失业的高校毕业生，有条件的城市、社区可组织其参加临时的社会工作和社会公益活动。对于因患病等原因短期内无法工作且无固定经济来源的高校毕业生，可由民政部门参照当地城市低保标准予以临时救济。

2．学校层面

（1）学校设有专门机构负责毕业生就业创业工作。学校有专门校级领导负责大学生就业创业工作，有专门的就业处或就业创业指导中心负责大学生就业创业全方位的工作。其主要职责是落实上级关于大学生就业创业的政策规定，设计并开设就业创业课程，搭建职业需求信息平台，组织各类招聘洽谈会，全程帮助和指导大学生就业或创业，办理派遣、户口迁移等手续。

（2）加强对大学生就业创业教育培训和指导。各学校按照上级要求并结合社会需求，大都成立了就业创业教育教研室，专门开设了就业创业课程，帮助大学生认清就业创业形势，拟定职业生涯规划，为顺利就业、创业做好各方面的准备。

（3）建立就业创业需求信息平台，鼓励毕业生应聘。各高校利用各种媒体广泛收集和发布需求信息，提供真实可靠的用人单位供毕业生择业，尽最大努力实现毕业生的充分就业。

（4）与用人单位建立广泛联系和合作，推荐毕业生就业。各高校与社会各界及企事业单位都建立了广泛的联系和合作，特别是与用人单位的关系更为密切，其联系合作的方式多种多样。在毕业生就业上的合作有联合培养、定向培养、订单培养、免费培养、来校招聘等，极大地扩展了毕业生的就业渠道。

（5）定期召开不同类型的招聘会，促进毕业生就业。在毕业生择业期间，学校会组织多种类型的招聘会，有学校单独组织的，有几所学校联合组织的，还有学校和人事部门共同组织的。毕业生在招聘会期间，可以与用人单位充分交流洽谈，签订招聘协议。

（6）协助毕业生解决在就业创业过程中遇到的各种问题。学校就业创业指导部门有专门的工作人员负责接待和处理毕业生在就业创业过程中遇到的问题，如办理派遣手续、档案转移手续、户口迁移手续，补发相关证书，解决在办理各种手续过程中出现的问题，协助毕业生解决就业创业过程中发生的纠纷，维护毕业生的权益。

第三节　我国创新创业教育的现状与发展趋势

一、我国高校创新创业教育的发展阶段

我国高校创新创业教育发展到今天，经历了从起始到多元探索再到快速发展这3个阶段（见图2-2）。

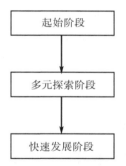

图 2-2　我国高校创新创业教育的3个发展阶段

（一）起始阶段

1998—2001年是我国高校创新创业教育的起始阶段。1998年，清华大学首次举办了"创业计划大赛"，成为第一所将创业计划大赛引入中国的高校。1999年，我国第一届"挑战杯"中国大学生创业计划竞赛在清华大学举办，同年，《面向21世纪教育振兴行动计划》和《关于深化教育改革全面推进素质教育的决定》发布，提出加强对高校学生进行创业教育，从此，各大高校开始广泛进行创新创业教育。

（二）多元探索阶段

2002—2013年是我国高校创新创业教育的多元探索阶段。2002年，教育部在清华大学、北京航空航天大学、中国人民大学、西北工业大学、南京财经大学、黑龙江大学、上海交通大学、西安交通大学和武汉大学开展创新创业教育试点工作，这标志着我国高校的创新创业教育进入了多元探索阶段。2010年，教育部印发《关于大力推进高等学校创新创业教育和大学生自主创业工作的意见》（以下简称《意见》）。2012年，教育部印发《普通本科学校创业教育教学基本要求（试行）》。2013年，教育部下发通知要求高校建立和完善创新创业教育课程体系。因此，各地高校都开始创办具有本校特色的创新创业教育课程，取得了较大成绩。

（三）快速发展阶段

2014—2020年是我国高校创新创业教育的快速发展阶段。2014年，"大众创业、万众创新"提出；2015年，国务院办公厅印发《关于深化高等学校创新创业教育改革的实施意见》，该意见提出了高校创新创业教育的总体目标。总体目标分三步走，到2020年要全面健全高校的创新创业教育体系。

近几年来，各高校普遍成立了创新创业学院和创新创业教育学院、创业教育学院、创业学院等二级学院或者职能机构，统筹和协调开展了丰富多彩的创新创业教育活动，并取得了很大成绩。为了推动高校创新创业教育的发展，全国和各省广泛开展了"双创教育示范院校"的评选，形成了各地高校大力促进双创教育、力争先进、争当一流的良好态势。

二、我国高校创新创业教育的现状

（一）我国高校创新创业教育取得的成绩

1.注重创新创业教育开展的层次性

第一，培养大学生的创新创业意识。

第二，提高大学生创新创业方面的知识和能力。

第三，创造一切条件为大学生搭建创新创业实践平台。

2.构建创新创业教育的有效机制

经过多年的实践，目前我国已经基本形成了创新创业教育的有效机制，主要包括政府的主导机制、社会的导向机制、高校的人才培养机制、学生的能动机制以及政府、社会、高校、毕业生联动机制等。

3．多途径开展创新创业实践活动

创新创业教育是一项实践性非常强的活动，所以，高校应该多途径地开展创新创业实践活动，具体来说，高校可以通过以下几种方式来开展创新创业实践活动。

第一，大学生科技创新活动。

第二，大学生创业计划大赛。

第三，大学生创新创业社团活动。

第四，社会实践。

4．将创新创业教育与职业生涯规划指导相融合

对大学生进行职业生涯规划方面的指导有利于帮助大学生更好地认识自我和社会，将个人的理想与社会现实紧密结合起来，更好地规划自己的人生。大学生职业生涯规划贯穿其一生，高校将创新创业教育与职业生涯规划指导相结合，能够分阶段、有重点地指导和帮助大学生明确目标，追求更高层次的人生理想，根据社会发展、建设创新型国家的需要来确立高层次的人生目标，将个人理想投入祖国建设的伟大实践，自觉接受创新创业教育，懂得只有在报效祖国、服务人民的过程中，才能真正地实现人生价值。

（二）我国创新创业教育存在的问题

1．创新创业教育理念比较滞后

目前，我国很多大学生的创业属于生存型创业，即他们是为了解决自己的生存问题而选择创业，这种创业带有明显的功利性和短期性的特点，很多高校也都明确认识到了这一点，所以很多高校的创新创业教育比较注重对大学生进行技能层面和操作层面的教育，其教育观念还比较滞后，创新创业教育的培养目标比较模糊，教育方式比较简单，教育内容比较单薄，教育效果相对弱化。

2．创新创业教育与专业教育结合不密切

扎实深厚的专业知识是创新创业之本，以专业教学为主渠道，不仅可以有效地对大学生进行创新创业教育，而且能够深化教育教学改革，发挥专业课程育人的功能。但是，目前高校的创新创业教育主要由学生工作部门或创新创业指导中心的老师负责，游离于正规教学体系之外，教师的社会实践经验带有一定的片面性，缺乏

系统规划，没有充分拓展学科教育的应用性，没能有效发挥专业教师在专业教学中有意识地强化创新创业教育理念、传授创新创业技能的积极性，所以出现大学生选择创新创业的人数少、成功率不高的现象。

3. 对创新创业教育文化建设重视程度不够

高校的创新创业教育文化建设是高校校园文化建设的重要组成部分，是高校顺应社会发展需要而产生的一种先进文化，加强高校的创新创业教育文化建设的目的是满足高校学生的各种需求，为其健康成长创造良好的环境。目前，很多高校都已经响应国家政策开展了创新创业教育文化建设，但仍有部分高校对创新创业教育文化建设的重视程度不够，在共同营造理想、开放、先进的创新创业文化氛围，并将其内化于大学生的文化心理结构方面做得明显不足。

4. 创新创业教育师资队伍建设有待加强

教师是提高教育质量的根本保障。目前高校创新创业教育师资队伍普遍存在人员不足、专业化水平不高等现象，其原因主要包括以下两方面。

第一，创新创业教育是新兴的课程，受过系统创新创业理论教育的教师本来就不多。

第二，教育部提出创新创业教育要面向全体学生，融入人才培养全过程，师资的紧缺显而易见。

5. 对大学生创新创业心理素质培育欠缺

对于大学生来说，创业是一种全新的开始，在创业的道路上会遇到各种各样的问题，这些问题都需要大学生去进行处理。即使掌握了创业相关知识，但如果没有良好的心理素质，那么创业也不可能取得成功，创业心理素质是决定大学生创业能否成功的关键因素，对大学生进行创新创业教育也应以心理健康教育为前提和保障。目前，高校的创新创业教育注重传授专业知识、创业知识，提高大学生创新创业技能，对大学生从事具有挑战性工作所必需的心理素质培育较少。不少学生因为心理归因和心理承受能力较差，不能以积极心态对待和解决创新创业实践中遇到的问题；有些大学生经常会因为一些困难就灰心丧气，甚至放弃创新创业。

6. 注重考试的结果，忽视能力的提高

学生不重视日常学习过程，缺少对于本专业相关问题的深层次思考和系统的专业知识的掌握，学习效果差。考试成绩高并不能说明学生对本门课程的掌握程度就

高，更不能说明学生对该课程具有一定的创新性思考。

三、我国高校创新创业教育的发展趋势

（一）树立与时俱进的创新创业教育理念

创新创业教育是国际高等教育改革和发展的趋势，更是我国建设创新型国家的内在需求。社会在高校创新创业教育中起导向作用，要重视发挥社会舆论的引导水平，营造促进高校创新创业教育发展的积极氛围和宽容大学生创业失败的人文环境。高校作为创新创业教育的主阵地，应努力促进大学生创新创业素质和能力的发展。

（二）加强显性与隐性创新创业教育课程的融合

显性课程是被学校列入教学计划的课程，隐性课程则是没有被学校列入教学计划的课程，显性课程是课程结构的主体和人才培养的主要依据，而隐性课程往往能够发挥润物细无声的教育功效。显性课程和隐性课程相互作用，相互影响，具有非常密切的关系。因此，高校在创新创业教育课程中应注重显性与隐性创新创业教育课程的融合，以保证取得较好的教学效果。

（三）完善创新创业教育的理论和实践两大体系建设

创新创业理论教育体系强调将创新创业教育作为人才培养的重要内容纳入高校人才培养方案中，逐步形成普惠型、提高型、精英型、实战型四个层次的理论教学体系，理论教学既面向全体学生，又有重点地支持有创新创业意向和能力的学生，指导和帮助他们在校期间或未来成功创业。在创新创业实践教育体系方面，可充分利用各种资源搭建四个层面的创新创业实践平台，给学生提供更多的体验机会，积累经验。

第一，建立大学生创新创业园，引领全校创新创业实践工作。

第二，建设二级院系创新创业基地，给予必要的帮助和支持，全面开展创新创业实践活动。

第三，加强与产业界的合作，"产学研"结合，丰富大学生创新创业实践活动的形式和内容。

第四，坚持校政联盟，坚持服务社会、区域和行业，争取获得更多的政策、资金、场地和人员支持，提高创新创业教育实践活动的层次和质量。

（四）重视和加强创新创业教育师资队伍建设

第一，加强师德建设。教师的职业道德直接影响教学效果和人才培养质量。加强师德建设重在养成教育，教育广大创新创业教师把教书育人作为首要的职责和中心任务，以优良教风促进学风建设。

第二，建立一支"专家化、专业化、职业化"的创新创业教育队伍，对师资的专业结构、学历结构、职务结构、研究领域有明确要求并不断优化，以提高教师的履职能力。

第三，关注教师的职业生涯发展，力求教师受尊重、待遇有保障、培训有支持、发展有平台，增强教师职业的吸引力，让创新创业教师爱岗敬业，潜心研究教学。

第四，注重创新创业教师队伍的专兼职配备，既可聘请从事理论研究和教学的教师，又可以聘请校外具有丰富创新创业实践经验的工程技术人员和创业成功人士作为兼职教师。

第五，全员育人。创新创业教育不单是高校某些部门和教师的责任，需高校上下齐抓共管，因此，应注意调动学校领导、全体教职员工以及校友、校企合作单位等校内外一切人员，形成合力，积极参与创新创业教育。

（五）加强创新创业教育与素质教育的融合

素质教育以培养德智体美劳全面发展的人才为目标，以培养创新精神、社会责任感以及实践能力等为重点。而创新创业教育体现了素质教育的核心观念，赋予了素质教育全新的内容，因此，应加强创新创业教育与素质教育的融合，具体来说应做到以下几方面。

第一，把握好创新创业教育的方向，增强大学生的社会责任感，提高其奉献精神。

第二，提高大学生的学习动力和能力，培养具有良好创新精神和实践能力的新型人才。

第三，重视和提高大学生身体素质，强化其体育锻炼意识，让大学生动起来。

第四，重视心理健康教育，帮助大学生塑造健康人格，维护积极心态，发掘心理潜能，提高情商和逆商，增强自我效能感，为创新创业教育提供前提和保障，使大学生能够从容面对具有挑战性的创新创业活动。

第三章
国内外高校创新创业教育发展借鉴

第一节　美国高校创新创业教育发展借鉴

一、美国高校创新创业教育的发展模式

（一）"校企合作"模式——哈佛大学

哈佛大学是美国知名学府，该高校认为与企业之间建立密切联系与合作关系十分重要，为此开创了"校企合作"的教育模式。这一模式下，高校会将优秀企业中实践经验丰富、理论知识渊博的学者、专家或管理者邀请到学校，充分发挥其在理论和实践方面的优势，和高校一起进行课程内容设计、实践操作与管理等教育教学工作，和高校共同进行优秀人才的培养。为了使"校企合作"这一模式充分发挥作用，美国各高校之间还通过设立工业联系计划站定期举办会议，加强交流，保证校企之间合作关系的稳定与持久。

"校企合作"的创新模式可以充分发挥企业在资金、技术和人脉关系上的优势，帮助高校建立创新创业加速器，为高校师生或科研人员所创立的公司能快速孵化提供支持；同时，学校也可以利用人才方面的优势，实现产学结合，带动创新创业风气。这一模式将推动校企之间在人才教育培养方面的合作，高校为企业输出更多优质人才，企业为学生提供更多就业机会，实现校企双方的合作共赢。

（二）"产学研培养"模式——斯坦福大学

斯坦福大学不仅是美国知名的私立大学，也是在世界范围内享有盛誉的科研园

区硅谷雏形的诞生地，其推动了产学研联动模式的形成。该校与硅谷所达成的合作模式对美国高校在创新创业人才教育方面具有示范作用，主要从以下两个维度表现出来。

1. 人才培养合作

借势硅谷的飞速发展，斯坦福大学可以通过产学研模式为硅谷输送优质人才资源，提供技术需求；同时，硅谷依托于高校开展研发工作也能适当节省企业的研发成本。科研成果到经济收益的转化也在某种程度上激发了斯坦福大学研发人员的科研热情，促使他们更加积极地进行技术研究，由此产生良性循环。

2. 继续教育合作

借助斯坦福大学完善的继续教育课程机制，硅谷员工可以进行线上或线下的课程学习。线下采用课堂统一授课的教学模式，线上则利用网络实现远程学习。线上和线下的教学内容相辅相成，使硅谷员工可以吸收充分的理论知识，从而帮助他们提升工作能力；而通过这种教学交流，学校也能够获得硅谷发展的前沿动态和更多信息资讯，并将其用于创新创业教育。

（三）"创业实践"模式——百森商学院

作为一所创业大学，百森商学院在创业教育领域取得了突出成绩，其注重对学生创新创业思维意识的培养，通过独特的办学模式，不仅在创新能力、市场敏感度、思维灵活度等方面对学生进行教育，还积极开展创新创业实践。学校在首个学年即为学生开设了创业相关课程，指导学生结合自身实际尝试创办自己的公司。学校还会为学生提供多方面支持，包括启动资金、政策指导、专业课程等。一学年的创业课程结束后，学校将组织开展公司资产结算，收回初期由学校提供的本金，如有盈利则会捐献给慈善组织或机构。

百森商学院的知名教授蒂蒙斯所创立的"创业学"课程是所有相关教学课程中最具有代表性和知名度的，该课程体系中提到的"行动学习法"也被用于百森商学院的创业课程中，其通过玩耍、移情、创造、试验、反思5个行为过程，形成全新的实践模式。其中，玩耍是指采用游戏的方式拓展学生的思维，激发其想象力；移情是指引导学生换位思考；创造指的是发掘问题并以创新思维解决问题；试验则是指验证解决方法的正确性；反思指的是引导学生对整个过程进行思考和归纳总结。这种实践教学方法可以逐步培养和提升学生发现、思考和解决问题的能力与水平。

二、美国高校创新创业人才培养模式的特征

（一）建立创新创业教育课程体系

高校要实现创新创业就必须从课程入手，经济性和实用性是美国高校对创新创业课程的要求。相比于其他国家的创新创业教育，美国是最早发展创新创业教育的国家，其已经拥有完整的课程体系。目前，美国的任何一个学校基本都会教授创新创业课程，这是美国培养创新创业人才的前提。

例如，斯坦福大学，以下两部分是其创新创业教育的主要内容：校内教育是第一部分，内容主要有辅导中心、创业资讯中心和校内创业课程，由此组成的创业教育结构非常稳定。其中的重点在于创业课程，每一个专业的学生都有相应的创业课程，如"经理与创业者会计""创新创业和变革""创业管理与金融"等。课外创业活动为第二部分，包括名师讲座、参观实际的企业、举办高校创新创业大赛等。其中最受学生欢迎的活动就是斯坦福和社会举办的创业挑战赛，不同国家的学生纷纷参与其中。

（二）完善创新创业教育支撑体系

"三螺旋模型"由政府、企业和高校共同组成，三者之间共同进步、相互影响，是全新的互动关系。高校创建符合标准的创新创业体系，创业知识通过相关的学科教授给学生；"创业美国计划""美国创新战略"等政策由政府把控，为大学生创业提供支持，并为其提供相应的创业资金和服务；企业可以通过政府与高校达成合作，在资金上得到政府的支持，培养出优秀的创新创业人才，共同打造喜人的成果，将产学研的效果发挥到最大。

斯坦福大学中的科技园受到很多名企的青睐，而科技园内所有的公共服务也因为政府的赞助而变得非常完善。一方面，斯坦福大学为了培养高质量的创新创业人才，始终以学生的创新和创业能力为核心，让科技园没有科技和服务的后顾之忧；另一方面，斯坦福的学生都会在科技园里参与实训，在实践中充分运用理论知识，不再是纸上谈兵。

（三）培养创新创业教育师资体系

在开展创新创业教育时，一流的师资队伍必不可少，其也是创新创业教育的重点。从教育教学水平的层面看，高校应大力支持教师开展创业活动，引导教师积极开展创业实践；从教师继续教育的层面看，创业型教师无论是继续深造还是去交流

学习都应得到高校的支持；从教师聘任的层面看，拥有创业或企业家背景的教师应成为高校聘任的首选。

例如，百森商学院，其有着专业水平极高的创新创业教育师资团队，其中有科学家、企业家、企业管理者和学者等。他们不仅是资深的教育工作者，还对创新创业有着丰富的研究和探讨，能始终站在学生创新创业课堂的最前端。不仅如此，百森商学院还经常举办创新创业讲座，其嘉宾包括经验丰富的企业管理者和创业校友等，可以和学生开展学术探讨和经验交流。

三、美国高校创新创业教育的启示

（一）改革创新创业课程设置

创建新的高校课程是发展创新创业教育的切入点，可以丰富其类型，并增加实践性。对实践课、选修课和必修课的安排与设计要以学生的不同年龄、不同专业和兴趣为依据，让学生通过实训基地和创客空间来完成创新创业活动。例如，教师可以使用项目和案例等教学方法；学生可以在创新创业成果中加入自己在实训基地和创客空间中迸发的灵感与思维；学校为开阔学生眼界，增加创新创业课堂内容，取得潮流信息，可以邀请投资家、企业高层管理者和专业人才来举办创新创业讲座。

（二）改善创新创业社会环境

良好的社会环境有利于师生完成创新创业的教学和学习。首先，为大学生创业提供优惠政策，为拥有新鲜血液的创新团体提供最大的支持；其次，高校应不断改进创新创业课程体系，使其更加完整，让创新创业的身影时刻出现在学校生活和课堂教学中；最后，体制外也可以支持学校的创新创业教育，学校可邀请非营利性组织、企业等来校交流。

（三）加强创新创业师资力量

高校在增加教师学术背景的同时，也要丰富其实践经验，可以从以下几点入手：一是增加客座讲师，可选择学术背景浓厚的投资家、风险家或是创新创业专职教师，为创新创业教育注入新的力量；二是支持教师开展创业活动，以便积累更多的实践经验；三是让在岗教师学习国内外先进的创新创业知识，并参加相关培训，提高创新创业师资的整体水平；四是积极参与国际交流，在第一时间掌握国内外的前沿资讯。

第二节　英国高校创新创业教育发展借鉴

到了21世纪，英国也在向知识驱动型经济靠拢，传统制造业因为这一改变而失去以往的霸主地位，驱动经济则在快速发展的服务业的推动下得到稳步提升，就业市场和社会的人才需求结构都发生了转变，需求从原本的纯体力劳动向中高端管理和技术类转变，对高校毕业生提出了新的要求，他们如果想要增加就业竞争力，就必须在整体素质上更胜一筹。此外，由于英国的高等教育较为广泛，毕业生是一个庞大的群体，他们有更鲜明的个性，而为了提高其就业竞争力，英国高等教育部门就必须出台新的政策。英国政府强有力地推动大学生创新创业，学校、政府和社会都是其能有效利用的力量，大学生创新创业就是依靠这种"三位一体"的力量来完成的。

一、英国高校创新创业教育的发展经验

（一）政府持续扶持高校融入区域发展

英国创新创业教育得到了英国政府和其他力量的有效推动。1987年，"高等教育创业"计划由英国政府正式启动，该计划力求推动全国大学生积极开展创业活动，在资金上给予了大力支持。政府在1998年启动了"大学生创业项目"，该项目服务对象就是在校大学生，创业者可咨询相关的创业导师或顾问，寻求相应的指导，以便于自己创业。

大学联盟是英国目前正在实施的项目，其可以帮助高校不断探索创新创业领域，打通高校和区域性合作伙伴之间的通道。合作采用区域团体或委员聘用高校代表的方式，双方通过区域发展论坛及时交流相关的信息。政府为加快区域协同创新进程，还成立了如商务服务、技术研发、志愿者活动等相关的管理机构，以便更好地服务于双方。英国政府还在资金上给予大力支持，成立区域性创新基金，全面发展区域性产业研发。区域经济在多方合作下有了更强的竞争力，英国政府正是看到

了这一点，开始大力发展高校与区域的融合。为了让大学和区域能够及时沟通和分享已取得的科研成果，政府采取了多种措施，如建立知识交流中心网络、成立高等教育创新基金等。

（二）教育体系前后衔接并持续发展

英国的教育有着悠久的历史，有着非常完善和复杂的教育体系，灵活性很高，是经过百年沉淀的结果。

总的来说，义务教育、延续教育以及高等教育共同组成完整的英国教育。准大学生们既可以在实习中获得社会经验，也可以成为志愿者去服务发展中国家，这些都是开阔眼界的方式；还有的学生立志投身科研事业，学校可为他们提供应有的资源，帮助他们对自己的学术领域有更多了解，还可以组织他们参与一些实验。此种提前训练的方式可以让学生在进入大学校园之后有明确的发展方向，并且具备勇于探索的精神。

高校建立的机会导向型创业人才培养课程体系包含3个阶段，即"创业意识""创业通识"和"创业职业"，可以对学生进行更加深入的辅导和培养，使前后连接更加紧密。课外活动奖励计划也得到英国高校的青睐，其可以让学生对自身能力有更加清晰的了解，便于之后的提升和展示。

（三）产学研合作教育培养创新创业人才

产学研合作是英国高校在近些年为实现科技与产业的相互融合而不断发展的教育模式。传统的人才培养模式更看重理论教育，而产学研合作教育模式所培养的人才更注重高校、企业和科研机构所发挥的作用，分析经营、科研和教学中存在的共同之处，得出当下的社会需求，并将教育目标与之相结合，引导学生在实践中运用所学的理论知识。学生在这一过程中既可以增加实践经验，也可以培养出创新创业精神，从而不断提高其创新创业能力。英国沃里克（华威）大学诞生于20世纪60年代，其采用学术与创业相结合模式，在短短几十年里就成为英国家喻户晓的创新创业人才培养示范基地。

（1）初期培育阶段：沃里克制造业集团是学校于20世纪80年代创建的。教学、研发和成果转化都是该集团的项目。产学研模式带来了丰厚的利润，集团也因此得到了来自企业的研发资金，既保证了之后的科研水准，也为成果转化提供了支持，实现了集团和产业需求的可持续发展。

（2）中期提升阶段：沃里克科学园区是沃里克大学为发展创新创业教育与英国

政府和中西部企业集团联合创建的。沃里克大学利用这一平台与工商界实现良好的沟通，让本校学生有更多机会去参与实地的创新创业，也让创新创业的氛围充斥在校园的每一个角落。

（3）拓展升华阶段：沃里克大学不仅与工程方面的企业合作，还增加研究机构，如中小企业成长和地方公共管理研究所、劳资关系研究所等，为企业培训和咨询带来便利。学校通过这些服务收获来自社会的赞誉，同时也与企业加深各方面的合作。沃里克大学也从自身条件出发，开展除社会服务之外的多项服务，如创办新闻社和书店、举办艺术表演、租赁学生宿舍和剧院等，由此筹集更多教育经费。

学校教授可以通过上述校企合作活动让不同专业的学生联合相关的企业人员创建研究小组，如此，学生不仅能得到来自学校的指导，还能得到来自企业的指导，可谓收获满满。

二、英国高校创新创业教育的启示

（一）成立专门机构，促进创新驱动

通过对英国政府机构以及该国的高校进行的一系列尝试后所得到的经验进行分析，可以发现政府所设立的专门机构的引导在其中起到了关键性的作用。在早期的时候，创立科学创业挑战基金；接着又专门成立了科学创业中心来对创业教育实施具体的管理，为那些有前景的各种类型的创业项目提供种子基金、天使资本、创业孵化以及科学园区等一系列相关的配套服务；然后进一步建立大学生创业促进委员会，对全国上下的创新创业教育进行统筹负责；最后实现了高等教育创新基金的创立以及区域大学联合会的筹建。在这些重要的环节里面，政府一直保持着高度的参与。

从目前的实际情况来看，我国大部分高校依旧是由共青团组织或者学生工作部门负责创新创业教育方面的工作。从专业角度来说，这些部门相关的专业知识缺乏，没有能力和条件提供完整的系统性帮扶。除开高校本身的力量，来自校外的扶持力量就更加有限，社会机构在其中的参与度非常低，同时也没有专门为创新创业教育设立的相关部门。由于国内不同区域之间的发展不平衡的原因，许多的具体政策无法实现全国统一。

通过对英国的经验进行分析借鉴，我国各个地方可以根据当地的实际情况，尝试成立包括当地政府、高校以及企业在内的多种角色的区域发展协调组织，通过创

立交流论坛的方式来确保参与方能够进行定期的交流；同时可以积极鼓励参与方进行多渠道的资金筹集，设立与区域发展相配套的创新基金，为创新创业教育提供稳定的资金支持。高校还可以通过设立专门的机构，对全校师生的专利申请、对外技术的转让以及服务外包等工作进行服务，同时还可以通过帮助寻求校企等方面的深度合作伙伴来实现对创新驱动的加速，实现对接效率的提升。

除此之外，为了能够实现市场对创新创业的推动力量的充分释放，还要做到对市场机制的百分百尊重。利用正确的舆论导向来培养社会对于创新创业的正确态度，从而促进社会大众对于创新创业活动的理解的加深。最后，当整个社会为创新创业提供了一个宽松、正向的环境的时候，那么对于在校大学生而言，他们的态度也会自然而然地受到潜移默化的影响。

（二）将教育改革看作系统工程

从当前的实际情况来看，大部分学生都在对于所选择的专业不甚了解的情况下就从事了理论学习，对于所学学科的感性认知非常不够，并且对于学科的学习规律不一定了解，因此，在对所学学科缺乏真正的兴趣的前提之下，很难激发学生长期坚持下去的创新探索精神。采取初中毕业之后进行分流的方式，或许能够作为一种改革的突破口。如何在各省推出的"3+2""3+3""3+4"等职教分段培养的形式中进行有效的创新创业教育的植入，是当下所面临的一个新的重要课题。

（三）纠正校企合作定位的偏差

想要让创新创业教育的目标顺利实现，就要不断地对学生的实践能力进行提升，这是校企实现长远合作的重要基础，能够帮助学生获得进一步分析以及解决现实问题的能力，同时帮助其在产教融合的过程中一步步地形成创新创业思维。但是目前的实际情况是，大部分国内的高校由于学生的就业压力，与校企进行合作的主要目标变为了通过帮助学生获得职业技能来争取让其直接就业，这就与传统的职业教育的训练方式几近一致。

企业作为合作的另一方，由于现实中的种种约束，对于在经营管理过程中所遇到的那些更需要通过创新来解决的问题，他们并不情愿而且也不信任合作学校能够对他们有所帮助，对于他们来说，能够配合学校将学生从非熟练劳动力向熟练劳动力进行转换，就是履行了他们的合作任务。在这样的情况之下，学生所能够获得的，通常也只能是具体岗位所固定的例行规则以及方法，而对于解决动态问题所需要的分析和思考则是非常缺乏的，因此也导致了对学生的创新创业思维的训练只能成为一纸空谈。

高校对于专业人才的培养，大体上可以进行四种类型的划分，包括技能型、技术型、工程型以及学术型。对于职业教育来说，其培养的人才应在生产或者服务一线拥有明确的工作岗位以及工作任务，这是其基本特征。这一类型的人才往往拥有四个最基本的要素：首先是面向一线的，其次是拥有非常明确的工作岗位，再次是在其岗位上拥有明确的工作任务，最后是从事技术技能工作。相对职业教育，对于高等教育所培养的工程型以及学术型人才来说，就更加需要突出对创新创业思维和能力的培养，也就是说，工程型和学术型的高等教育不能够简单地和传统职业教育进行等同，而更应该对学生提出更高层次的要求，使学生应对未来岗位所需要的职业化能力得到更大的提升，从而使学生拥有更加丰富的基础知识以及更强的创新创业能力，来应对未来职场中接踵而至的新型挑战。

第三节　日韩高校创新创业教育发展借鉴

在亚洲，日本、韩国、新加坡等国家对大学生的创新创业培养也相当重视。在这些国家中，日本、韩国是比较典型的代表，在创新创业教育发展上，两国成效也格外显著。通过对日本、韩国创新创业教育的发展历程、现状及特色经验进行了解，有助于提高我国大学生创业教育的科学性与实效性，推动我国创业教育的发展。

一、日韩高校创新创业教育发展概况

20世纪70年代亚洲金融危机背景下，日韩两国的经济受到了巨大冲击，面对企业破产、失业率增长、就业形势严峻的经济低迷局面，大学生就业遇到了前所未有的困难。日韩开始大力促进创新创业活动，充分发挥年轻人的企业家精神，试图改变亚洲金融危机对国家经济产生的消极影响。

日本的创新创业教育是一个由高校发起的自下而上的过程。20世纪80年代，日本各大高校自发组织起来，开办相关的创新创业讲座，培养学生创新精神、提高学生创业能力，这是日本创新创业教育的萌芽。到了1995年，日本开始从国家层面重

视创新创业教育，出台了《科学技术基本法》，给予创新创业教育强有力的支持，而日本的大学也陆续设立了产学联合部门、技术转移部门、大学生孵化园等相关机构，这些政策与机构的设立推动着日本创新创业教育逐渐走向正规化。2000年以后，日本教育改革国民会议正式提出了"创业家精神"的概念，进一步推动了日本创新创业教育的进程。2001年，日本提出的三年内大学创业企业达到1000家的战略目标，将大学的创新创业教学和创业热潮进一步深化。2003年，"青年自立·挑战计划"的提出，为青年创业提供了指导，创业能力开发中心又为日本创新创业教育增添了活力。

韩国创新创业教育始于1972年，韩国成立负责高校职业指导与创业教育整体规划与措施研究的教育开发院，将创新创业教育融入国民教育。为了使职业培训和创业教育系统化、法制化，韩国又制定了一系列完善的法律法规，推广创新创业教育。

20世纪80年代初，韩国高校创业教育课程开始起步。1986年，韩国政府出台了《中小企业创业支持法》支持韩国民众尤其是大学毕业生自主创业，掀起了创业浪潮。在政府的积极推动下，韩国的成功创业案例层出不穷。受1997年亚洲金融危机和2008年全球金融危机的影响，韩国经济遭受重创，企业为了生存，纷纷裁员，结果导致失业率上升和大学毕业生就业难问题。为了增加工作岗位，缓解失业压力，韩国政府决定鼓励青年自主创业。于是，韩国教育界掀起了高校创业教育的热潮。2013年，韩国政府启动"创业精神校园培养计划"，在高校开展更加广泛的创新创业教育，持续加大推进创业教育的力度。

韩国的创新创业课程分为两大类：非正规课程与正规课程。非正规课程是指由大学开设，与学位无关的选修类课程以及由社会培训机构开设的各类创业方面的讲座。正规课程是指由大学或研究生院开设，纳入学位课程，与毕业直接挂钩的有关创业类课程。韩国高校创业教育正规课程的发展经历了两个阶段：第一阶段在财经类高校或学部开设少数创新创业教育的科目。1987年，东国大学产业工学系开始创设"创业与项目分析"的讲座，以此作为创新创业的正规课程，此后，韩国高校创业类课程大量涌现。第二阶段韩国致力推进创业教育专业化发展，在学部或研究生院内开设系列化的课程、1999年，韩国崇实大学和湖西大学在本科阶段首次招收了创业教育专业学生，由此拉开了韩国高校创业教育专业化的序幕。其中，崇实大学在"风险投资中小企业学部"新设了中小企业学与风险投资创业学两个专业。课程设计以实用主义为理念，主要开设与中小企业创业及经营相关的实务型科目。例如，创业的决定性因素、项目创意的发掘与评价、项目计划书的制作等。

二、日韩高校创新创业教育的经验分析

（一）以先进的教育理念和政策为指引

日本高校的创新创业教育非常注重教育理念与教育政策的指引作用。日本高校秉持的创业教育理念是要培养学生的创业意识和创业精神，通过教育提升学生的创业技能，提高学生面对社会挑战的能力。

为推进日本高校创业教育的顺利开展，国家制定相关政策并投入资金支持。一方面，完善国家的创业政策。无论是《科学技术基本法》还是以促进就业为主的《中小企业新事业活动促进法》，都在国家政策上给予了创新创业教育强有力的支持。日本高校设立了创业援助部门，这是一个帮助学生创业的专门指导机构。另一方面，设立了创业后援基金，用于资助学生开展创业活动、提供风险投资，建立起政府及社会各界多元化的融资渠道。日本的融资渠道主要由四个部分组成：第一，直接资金，即由新事业开拓出资事业（中小企业基本设备机构）、中小企业投资育成公司出资。第二，间接资金，即新创业融资制度，女性、年轻人、年长者创业家支援资金、小规模企业设备资金制度。第三，信用补足，即由信用保证协会进行保证的制度。第四，补助金，即用新事业开拓补助金"中小企业基础人才确保补助金"等方式进行补助。同时，日本高校还充分利用校友资源，通过校友会、优秀毕业生组建援助团体或募集基金，将创业教育与创业扶植有机结合起来。

韩国作为一个注重传统文化的国家，创新创业教育的理念是将高校创业教育与国民素质的提高紧密联系，积极鼓励大学生在传统学科创新领域深入钻研，取得创新创业的成果。在财政保障上，高校建设创业研究生院的前两年，韩国政府每年给予每所学校4亿韩元的财政拨款，其后根据发展情况，考核后适当进行增减；5年后国家将不再给予拨款，交由学校自行筹款。随着该项事业的顺利推进，以及社会对创业研究生院教育的需求不断扩大，2009年韩国政府决定延长对创业研究生院的财政支持，直至2013年，韩国政府投入了18亿韩元。在"21世纪智力韩国计划"中，有30%的资金是投入传统学科领域的。为了促进韩国产业的平衡发展，政府还提出回乡务农创业扶持政策，对于自愿返乡进行新型农业产业创业的大学生给予奖励。对愿意成为创业型农民的年轻人，政府可以免除其服兵役，同时还为每个创业型农民提供1.2亿~2亿韩元的农业贷款。

（二）形成学校与企业高度合作的发展模式

日本、韩国创新创业教育都非常注重有效开发和利用全社会资源，同时加快高校创新创业研究成果的社会转化效率，进而形成学校与企业高度合作的创新创业教育的发展模式。

日本的创新创业模式即著名的"产官学协同模式"，即企业为创新创业教育提供经济和技术支持、政府为创新创业教育提供政策支持、高校协同中小企业发挥创业教育主体作用，产、官、学三方紧密协同配合。具体来说，企业界与大学合作，根据自身发展的诉求，共同开发创新创业培训教材、设计相关的培养方案，通过提供实习基地、投入资金，加快创新型人才的培养；政府的经济产业省、文部科学省、厚生劳动省将创新创业教育作为国家发展的重要课题，不仅在各级政府部门之间加强研究和交流，并且从法律政策上极力推动企业与高校的合作；在大学方面，各大学积极建设创业孵化器、创业辅导机构等创业基础设施，开设广泛而有校区特色的创新创业课程，建立与企业的双向交流，加强与企业校友的联系。在这一模式下，企业、政府及高校之间的良性互动极大地促进了日本创新创业教育的繁荣与发展，使日本的创新创业教育在短时间内成效显著。

2014年2月，日本内阁发布"创新研发推进计划"，强调加强技术路线预测引导产业前瞻的重要性，旨在改善自身基础创新、创新体系相对封闭和前瞻性不足等问题，在保持较强创新实施能力的基础上，在信息产业等新兴领域上有所突破。在这一计划推动过程中，日本增加基础研究经费以及科研人员和公立研究机构的竞争性研究经费，充分发挥企业与学校高度合作的优越性，通过组织产学交流、成立中介组织等措施，进一步推动企业与高校合作开展基础创新研究，提升创新研发的能力与效率。在政策影响下，日本产学合作研究从2003年的7248项增长到2013年的16925项。在创新研发管理上，日本政府自2008年开始将除防卫与警备外使用科研经费的所有部门纳入"e-Rad研发管理系统"，有效治理了重复研究及经费过度集中等问题。

韩国创业教育利用社会资源，加强企业与高校联系的方式是设立创业实践基地。这种为学生提供创业实习和研究的创业实践基地由企业实践基地和校内实践基地两部分组成，企业提供实习场所，高校配备各个专业相关的实验室和实践教室。不仅学生可以在实践基地中学习实践，而且实践基地加强了企业与高校的沟通交流，企业可以委托学校进行专项研究，提高学生创新创业的能力。在形式众多的韩国创业实践基地中，值得一提的是"创业资源中心"模式。这种模式几乎覆盖了韩国所有的高校，经过教授和投资专家仔细筛选，将具有良好发展前景的大学生创业投资项目作为支持的对象，为其提供便利的设施与全方位的金融支持，保证其创业项目顺利开展。

（三）注重学习发达国家的先进经验

在创新创业教育的发展过程中，日韩两国注重向已经发展完善的英美等发达国家学习，结合本国国情吸收借鉴别国创新创业教育的成功经验，参考借鉴其授课模式，并且重金聘请国外创业教育指导教师，强化大学生创新创业的国际意识，培养其国际视野。

日本推行"企业家精神：美国研讨"项目，每年派遣学生到美国硅谷进行为期一周的学习交流，学习内容为访问当地企业、与斯坦福大学的学生交流、参加由当地企业家主讲创业课程、以团队的形式设计创业项目等。项目结束归国后，学生要面向社会汇报项目成果。韩国借鉴美国的创业教育模式，将创新创业课程分为创业前期、创业准备期以及创业后期三部分，其中，创业前期课程主要为与创业相关的理论知识，创业准备期课程则强调实际操作，而创业后期课程则以营销、管理类为主。课程设置兼顾理论与实践，这样的课程设置与规划使整个课程结构层次分明。韩国的教师亦注重学生的问题反馈，通过问卷调查，不断提出优化课程设置的方法。

韩国创业教育课程的教师由校内教师、企业资深人士和来自不同国家的访问学者三个群体组成。校内教师负责理论课程，学校要求校内教师必须具有社会实践活动经验。企业资深人士负责实践讲学，外国学者则着重介绍国外商业实践和创业活动的情况，帮助学生开阔思维和视野。授课方法主要采用集体讨论、分小组授课、现场操作、实地见习、专家讲座、海外研修等多种形式。此外，韩国高校长期以来形成的访问制度，又大大促进了教师学者之间的交流。这种国内外各高校教师互换交流、合作科研的制度大大提高了教师自身素质，丰富了教师专业知识，改善了教师教学方法，使教学质量显著提高。

（四）课程开设注重实践能力培养

1. 课程设置偏重创业实践训练

日本创新创业教育的课程建设，注重培养学生的创新精神和实践能力，从基础教育阶段到各大高等院校再到行业协会都有相关的课程设置与创业培训。其中，日本最成功、高校最重视的是层层深入的实践教育。

在基础教育阶段，日本开设了"综合学习实践"课程。课程打破了学科逻辑体系，通过自然体验和义务服务的方式，引导学生去体验发现社会、生活问题，采用观察、实验、调查等科学的研究方法解决问题，培养学生自学反思、创新性实践的能力。

日本高校的创新创业教育课程主要有三类：一是创业基础知识类课程，如企业管理、市场营销、金融法律等方面的知识；二是创业实践训练类课程，如互动实践型课程，开展商务活动、进行商务沟通和拓展商务渠道的课程；三是创业实务讲座，聘请创业成功者为学生传授创业经验和技巧。高校根据学生的不同层次安排不同的实践内容。低年级学生接受启蒙教育，例如参观企业、工厂，参加创新创业相关的讲座；高年级的学生参加专业技能培训、参与项目研发、参加创业比赛等创业参与教育；而更高层次的学生则被安排到创业园、高校创业孵化基地接受创业实践教育。例如，2005年起东京大学产学联合本部联合东京大学风险投资股份有限公司、东京大学TLO股份有限公司共同开设了"创业者道场"，旨在系统地培育创新创业人才，孕育创新精神的校园文化。"创业者道场"面向所有的东京大学学生一同开课，本科生、硕士生和博士生都可以参与。课程的主讲人员主要是企业家、投资人或是具有丰富实践经验的教师。创新创业课程安排具有针对性与连贯性的特点，每年4月份开课，学生通过"初级""中级""高级"课程的学习，从创业的意义、发现商机、探寻客户需求、开发产品、撰写商业计划书到创立组织进行逐步学习和体验创业过程。为激发初学者的兴趣，在学习基础的创业课程之后，东京大学还会根据不同学生群体的需求和兴趣开设针对性课程，以集中开课的形式开设"创业体验课程"。东京大学的学生在学习创新创业的基础课程、了解创业经验和最新的创业动向之后，将以团队的形式参与"创意马拉松""黑客马拉松"等中级课程，最后在高级课程中参加商业计划书比赛，由创业导师指导学生团队完善商业计划书。随后东京大学会继续帮助优胜项目孵化，产品成熟度较高、具有创新性和高商业价值的团队将会被派到美国参展，与世界各地的投资者、企业家、技术人员进行交流，进一步推动产品的孵化。

韩国高校的创业教育以创业技能培养为主线，以全面覆盖培养目标所需的技能为目的来安排课程，注重课程体系的多样化。按照1:2的学时比例来分配理论课与实践课，注重培养创业实践技能。很多韩国高校还特别注重多方位补充传统教育模式，开设网络教育课程，定期举办创业专项培训班，邀请优秀创业先锋和企业高级管理人员授课，有的学校还将实习环节作为授予学位的必要条件。韩国高校对学生实践能力的重视还表现在成绩考核与评定上。根据韩国学者抽样调查统计，几乎没有一所学校采用单纯的笔试来评定学生的成绩，大部分高校将锻炼学生实际操作能力的企划书写作作为考评的主要手段，根据实际情况，各高校酌情添加了案例分析、现场见习等多种考核方式。

同时，韩国还积极地培养有创新创业能力的青年农民，组建农业专科学校作为培养基地，选拔有意愿创业的青年农民进行培训，在知识技能培训的基础上为其提供技术和经营方面的咨询与帮助。通过免除兵役、提供农业贷款等一系列政策与资金支持，促进青年在农业领域进行创新创业，投入实践生产，以引领未来农业的发展。

2. 课程注重培养学生创业素养

日本高校非常注重培养企业家精神，希望学生能够具备企业家发现、分析、解决创业问题的能力。在考核方式上注重理论与实践相结合，除了国语、数学和所学专业素质测试等，还有脱离纸笔、基于实践的创业比赛或调研活动，各高校会根据学生的知识储备和区域经济环境，为学生量身打造创业机会。

韩国高校建立了各类创业实践基地，设有功能齐全的各类机构，如创业实践支援中心、创业孵化产业园等，有意向创业的学生可以在高校创业实践基地中得到包含各项创业辅助的便捷服务。在创业实践基地中，很多学生的创业能力通过具体工作得到了锻炼，又积累了创业启动资金，为毕业后的创业提供了经济基础和经验支持。

3. 课程设置强调特色化发展

日本对于学生创新创业教育的培养注重特色化教育，注重不同学段学生创新创业教育的衔接问题。针对不同教育阶段学生的身心发展特点以及能力水平，明确创新创业人才的知识结构与能力结构，以先进的教育理念，培养全面发展的创新创业人才。

韩国创业研究生院的课程设置定位明确，将人才培养目标定位于"培养世界一流创业人才"上，并强调特色化发展。在中小企业厅设计的课程范本下，5所创业研究生院结合自身特点与区域特色，各自构建了一套独具个性的课程计划。例如，依据首尔国际化发展的战略思路，湖西大学国际化创业研究生院下设的技术型风险投资管理专业，传授学生各类创业技术与理论知识，培养其战略性思维，以应对21世纪知识经济的挑战，实现高效的创业、成功的经营。

（五）引进多元化的师资队伍

为了确保创业教育顺利发展，日本高校精心打造了多元化、多层次的创业教育师资队伍。师资团队由校内师资和校外师资两部分组成。校内师资中专门从事经济学或者管理学的教师占50%以上，理工科背景的教师约占37%，其中超过40%的教师拥有创业经验，校内师资讲授理论课程，为学生打下理论基础。校外师资涉及领域广泛，日本高校会邀请国内具有丰富的创业经验并且又有学术背景的资深人士作为校外师资参与创业教学工作，这些人包括企业经营者、律师、职业经理人、金融机构从业者以及杰出校友，校外师资实践性较强，在创新创业方面有一定的发言权，主要参与指导创业的专业知识讲座、制订创业计划、研讨创业经验等活动，组织学生到相关企业进行调研学习，让学生接触创业第一线，以多样化的师资保障创业教育的实践性。

韩国大学重视办学理念，在创业教育方面非常重视办学特色。各高校根据中小企业厅的文件要求，结合区域特色和自身特点，各自构建了独特的教育模式。以首批开设创业研究院的中央大学和艺苑艺术大学为例，中央大学以培养农业、制造业、服务业等产业的创业者为目标，课程设计就以创业经营环境、创业资源管理和CEO领导力为主要内容。而艺术大学则将文化传媒作为学校的特色专业，其创业教育则多以文化传媒创业经营、文化传媒创业咨询等课程为主。

第四节　我国高校创新创业教育发展借鉴

一、创新创业教育典型高校——天津大学

天津大学是教育部直属高校，始建于1895年10月2日，是中国第一所现代大学。

天津大学的办学目的就是培养具有高等素质以及拥有顶尖创新能力的人才，"办特色、出精品、上水平"的办学宗旨从未动摇，在对学生的教育教学中，始终

坚守"育人为本""教学优先""质量第一"，采取全方位培养的方式，从未放弃对本科教育的加强，在对待研究生教育方面也是倾尽全力，建立了一套能够应对和满足新时期的经济建设需求的教育教学体系，同时该体系也能够适应当代社会高速发展的需求。在踏入21世纪初始，学校就确定了发展的"三步走"战略以及新世纪所要实现的目标：全力将学校打造成为享誉全世界的名牌大学，并且在21世纪的中期，使学校进入全世界范围内的顶级大学行列，成为综合性、研究型的大学，以及开放式、国际化的大学。

接下来将以天津大学的宣怀学院为例，探讨我国高等院校双创教育的发展。

（一）创新创业教育的实施成效

1.建成特色创新创业教育教学空间

宣怀学院建设完成的技术创业中心，主要包括以下方面。

（1）原型机实验室（天津大学光电信息学生创新实验室）。该实验室为校企合作建立的实验室，支持学生以科技创新类团队的形式开展研究和实践活动，通过合理、高效利用学校各学院的各种科技资源，以技术集成创新、产品化应用为目的，有效推动学校科技产品化，盘活现有资源，提高各学院实力和影响力，培育重点包括智能家居、电子信息、工业设计等项目。2017年原型机实验室装修改造完成并投入使用，开展了一系列跨学科、跨领域的项目和活动，为在天津大学进行交叉学科整合保驾护航。

（2）心讯IT实验室。由深圳心讯科技有限公司捐款设立，旨在给热爱科技的同学提供浓厚的研究氛围和良好的实验环境，让同学们能将专业课的知识付诸实践，增强其动手能力。实验室主要研究学习方向有Android开发、虚拟现实、搜索引擎、机器学习等。

（3）乐高实验室。乐高实验室引进创新组合拼装模型，将其作为双创思维训练载体，通过与学院的课程结合，面向全校学生开放，激发学生的双创想法，进行创新思维锻炼，培养新型的双创人才。

2.建设创新设计与卓越创业项目

宣怀学院以"双一流"和新工科建设为契机，以培养具备创新能力、企业家精神的卓越人才为目标，搭建了跨学科的创新教育项目——创新设计与卓越管理创业。该项目是教育部首批国家级新工科研究与实践立项项目，也是天津大学首批新工科试点项目。

创新设计与卓越管理项目将设计、工程和管理教育相结合，通过项目建设，积极探索实施大类招生、大类培养、"双创"实验班等多模式的教育教学改革。项目计划将工业设计、工业工程和工商管理3个专业交叉融合，对培养方案、课程团队、师资队伍、教学模式和方法进行重新设计，实施完全学分制，与企业进行全方位对接，实施"学习—实践—创新—实践"的全链条培养，引导学生发现市场中的各种产品以及行业切实存在的痛点，找到解决问题的方法和途径。在此基础上，形成"IDBE+新兴工程技术领域（人工智能、绿色环保、大健康等）"的新型创新创业人才培养体系，促进学科之间的交叉与融合，培养充分理解和认知新技术发展和未来社会发展，具备设计思维、创新意识和创业能力的双创领军人才。

3. 创新创业教育项目建设的显著成就

（1）开设工商管理（创新创业方向）辅修学位项目。宣怀学院自2015年在本科生中开设工商管理（创新创业方向）辅修学位项目以来，学生基本涵盖天津大学所有学院。该项目通过整合天津大学经管学部、天津大学工业设计系以及业界师资，对接企业实践活动等工作，保证了课程质量和教学效果，逐步形成了相对完善的课程体系，涵盖了经管类基础课、"双创"类专业课和双创实践课三大类课程，并不断探索教学模式和教学方法的改革，取得了很好的教学效果。

（2）开设全校公共"双创"选修课。宣怀学院面向全校开设公共选修课程"创业实境演练""创业案例遍变辩"。

第一，"创业实境演练"（OIPEC示范课）已连续开设，有不同层次学生参与课程。该课程以11家创业企业的真实问题作为教学素材，通过多位教师共同讲授、教练辅导、企业家参与讨论、课后调研等方式提出针对创业企业真实问题的解决方案，得到了参与企业的好评和学生的热爱。10余家媒体对该课程的创新模式进行了报道。

第二，"创业案例遍变辩"课程打破了传统的案例教学模式，邀请了多位企业家和创业专家参与案例分析，让学生对真实的创业案例产生全面、深入的认识，将理论知识与创业实践深度融合。"遍变辩"是本课程的三大特色："遍"是指本课程将精选各个行业和领域的典型案例，帮助学生对热门创业领域进行全面了解；"变"是指从创业团队、产品创新、商业模式、营销策略、融资方案等不同视角对创业案例进行分析，强化学生对于创业案例的深入理解；"辩"是指通过对案例分析的不同观点的碰撞，推动学生对案例形成自我理解，提升学生在案例分析中的自主性。

（3）建设"双创"案例库。宣怀学院"双创"案例编写团队目前已经完成多个案例的编写以及视频案例的拍摄编辑工作，已经有案例成功入选中国管理案例共享中心案例库。

（4）开设各个层次的"双创"训练营。宣怀学院面向不同的层次不同的群体，开展以实战为主的双创训练营，包括以下方面：

第一，大创训练营。针对大学生创新创业训练计划项目开展。

第二，天津大学代尔夫特国际联合设计工作坊。以"电动单车在荷兰"为主题，由来自荷兰代尔夫特和天津大学等高校的学生共同参与。

第三，宣怀学院"双创"夏令营暨津港青年"双创"营。面向来自中国香港的学生以及宣怀学院的学生开展为期6天的"双创"之旅。

第四，学生科创夏令营。不但培养学生的创新思维和动手能力，还为学生和家长提供一个正确认知、深入了解"双创"的机会。

第五，宣怀实战创业训练。与92咖啡创业团队携手进行的"创业扶持再创业"活动，同时设立92咖啡创业基金。

（5）进行创新创业教育改革与创新。宣怀学院已经开展的学院课程建设和教学改革项目共计10项，包括网络课程2项、翻转课程1项。其中"创业实境演练""创业案例遍变辩""工程与技术前沿"等均为全新设计的创新课程，课程模式和效果得到了学生以及合作企业的认可。"工程与技术前沿"等课程积极探索有效的课程考核方式，以提升学生学习的获得感。该课程由专业教师主讲，每一次的课程均邀请其他学科的教授、学者、专家做技术前沿讲座，同时由主讲教师负责产业机遇与创新点的解读、分析。

4. 建设创新创业生态系统

（1）整合校内外"双创"资源与"双创"教育。

第一，建立创业辅导办公室。专门开展创业路演指导、咨询和服务，面向各级各类大赛和创业项目开展一对一、一对多辅导。办公室自成立以来，已经开展一对一辅导项目超过50个，通过讲课辅导的项目超过300个。其辅导的天津大学"汽车全生命周期"项目成为天津唯一获得"互联网+"大赛全国银奖项目，"变胞机器人"等项目也获得了投资意向，还促成了MBA在读学生创业、宣怀学院辅导、创业导师共同投资的创业项目。

第二，构建创新创业教育的授课师资团队。整合了天津大学各学院的相关师资以及校外的业界师资，并通过交流研讨和师资培训不断提升授课师资的教学水平。相关师资先后参加了设计思考、创新方法、虚拟运营等方面的专业培训。

第三，构建创业导师库。以教育部"全国万名优秀创新创业导师人才库"建设为契机，打造高水平的导师团队，宣怀学院推荐的30名创业导师成功入选。探索校企合作新模式，实现了课堂教学与企业实践的有效对接。目前已经有10余家创业企业和项目运营实践被引入教学环节，实现了理论与实践的有机结合。

（2）以"校长杯"为契机，开展丰富多彩的创新创业活动。宣怀学院与天津大学教务处、学工部、校团委、校友总会联合发起设立天津大学"校长杯"创新创业大赛，并已获得企业冠名赞助并提供10万元奖金。该比赛为天津大学最高水平的创新创业大赛。宣怀学院打造了一系列面向学生、创业导师、创业企业的品牌双创活动。其中，每月举办的"创客思享汇"系列活动通过搭建创业者思维碰撞、分享及交流的平台，集合有经验的创客为创业者和对创业有浓厚兴趣的人指点迷津；举办多场"宣怀学院中小企业论坛"，带领学生赴果酒销售企业、瑜伽馆、多肉种植基地等创业企业实地参观，并与创业者讨论行业机会和创业心路历程。

（3）全面深入学生群体，开展创新创业普及工作。建设宣怀学院"X-Club"学生社团，分为卫津路校区、北洋园校区两个中心，以"助力宣怀，创享青春"为宗旨，整合企业家、创业者、学生等共同学习交流分享，营造创新创业社团文化氛围，打造学生创新创业学习、锻炼和实践平台。

5．加强交流与合作，提升学院影响力

（1）与欧盟高校就开放式创新与卓越创业进行深入合作。宣怀学院作为欧盟OIPEC项目的成员之一，已经连续举办两届"开放式创新与卓越创业研讨会"，来自欧盟的专家、学者和学生来到天津大学，就"双创"相关主题进行探讨。欧盟专家通过研讨会了解中国双创进展，为将国外经验引入中国起到了积极推动作用。

（2）成功举办第三届全国创业学院院长论坛暨京津冀MBA创新创业教育论坛，发布《创新创业教育天津共识》。论坛得到了教育部高教司的指导，以"双创新时代，大学新作为"为主题，北京大学、清华大学、天津大学、南开大学、浙江大学等国内近百所高校的创业学院院长或"双创"教育负责人和"双创"专家、学者300多人参会。论坛对促进各高校"双创"交流、充分发挥创业学院院长的作用与影响力、研究讨论创业学院建设起到了积极作用。发布的《创新创业教育天津共识》为"双创"教育在高校的实施提供了重要参考。

（3）协同国内外著名高校，建设IDBE项目。天津大学宣怀学院在搭建跨学科的创新教育项目"创新设计与卓越创业（IDBE）"过程中，得到了国内外著名高校和单位的支持，申报教育部的新工科项目，除天津大学内多个学科和部门参与外，还有美国宾夕法尼亚州立大学、意大利米兰理工大学、芬兰拉彭兰塔理工大学、清华大学、浙江大学、江南大学、中国机械工程学会等单位参与项目建设，为项目的推进汇聚了多方资源，提供了强大的基础。

（4）成立"中国好设计"天津中心。"中国好设计"天津中心落户天津大学宣怀学院，该中心是继西安中心、诸暨中心落成后建设的第三个区域中心。该中心将在京津冀地区围绕"中国好设计"开展展览展示、创新创业、推广交易和培训交流等活动，围绕创新设计开展服务区域经济发展的设计"双创"活动，提高公众对设计价值的认知，营造全社会尊重设计、热爱设计、支持设计、参与设计的良好生态环境，服务区域经济增长和创新发展战略。

（二）创新创业教育的主要途径

1.完善组织架构，整合师资资源

为整合优势资源，宣怀学院与学校及管理与经济学部协商，将宣怀学院国际顾问委员会纳入天津大学管理与经济学科国际顾问委员会建设。宣怀学院设立教学与研究中心，包括以"双创"教育为主师资构成的"双创"教学与研究中心、以校内外技术创新和管理创业师资为主构成的创新方法中心、以工业设计系师资为主构成的创新设计中心；建立学生支持中心，支持学生创业辅导、服务和资源对接；成立了卓越创业中心（即EDP中心），主要负责高端培训项目运营。

2.推动创新创业教育项目的开展

（1）建设工商管理（创新创业方向）辅修学位项目。宣怀学院工商管理（创新创业方向）双学位以"培养适应社会主义现代化建设需要的，掌握工商管理、创业学相关学科的基础理论知识，具备技术创业能力、创业理念、创业思维、社会责任感、创业精神、创业激情和良好心理素质的，宽基础、高素质、具有创新精神和实践能力的高级专门人才"为目标，同时将育人目标分解为4个方面，即掌握工商管理基础知识、具备创业的精神和素质、具备创新实践能力、掌握技术创业能力。

（2）开设公共"双创"选修课。为了加强天津大学的"双创"教育氛围，加深学生对"双创"的了解，宣怀学院面向全校开设以实操为主要形式的公共选修课程"创业实境演练""创业案例遍变辩"等。

（3）建设"双创"案例库。为了进一步强化案例教学法在"双创"教育中的应用，宣怀学院组建了专门的"双创"案例编写团队，从行业案例、企业案例、案例视频化等多个方面开展案例库建设工作。

（4）开展各层次"双创"训练营。宣怀学院从"双创"实践出发，整合学院优势资源，有针对性地开展"双创"训练营，力求通过此类活动，让参与同学、创业团队深入了解创业历程，增强"双创"的实践能力。

3. 强化教学改革与创新

宣怀学院在开展"双创"教育中，特别强调教学改革与创新，在开展的教育教学活动和相关建设中，均努力以教育创新为突破，提升人才培养的效率和有效性。在教育部、天津大学以及学院等各层级积极申报和开展教学改革工作。

（1）开拓高端培训，服务社会经济发展。宣怀学院面向国家与区域经济社会发展提供服务，建立高端培训办公室和卓越创业中心，并招聘了项目主任和相关人员。高端培训办公室自设立以来，针对社会需求设计了一系列的培训产品。

（2）建设完整的创新创业生态系统。宣怀学院围绕建立"双创"生态系统进行了探索研究，提出了天津大学"双创"生态体系建设方案，除进行教学、课程体系的相关建设之外，学校还开展了大量相关工作以确保该系统的良好运作。

（3）加强国内外交流与合作，提升学院影响力。宣怀学院广泛开展国内外交流与合作，吸取国内外优秀的"双创"教育经验，聚合全国"双创"高校的力量，搭建开放的"双创"教育平台和交流机会，促进"双创"教育的改革事业。

（4）学院文化建设。为了扩大影响力，学院积极建设新媒体宣传平台，包括学院网站、学院官方微信平台、学院官方微博等。同时，宣怀学院的各项工作也受到各大媒体的持续关注，产生了较大的社会影响力。

（5）携手中科，探索校企合作办学的创新模式。宣怀学院的建设得到了中科招商、中科创大的大力支持。学院在推进产业支持体系建设中，整合中科资源，提升天大创业服务与支持的质量。在创业投资方面，引入中科创大合作的创投基金。

二、创新创业教育典型高校——大连理工大学

大连理工大学是教育部直属的全国重点大学，是国家"211工程""985工程"重点建设高校，也是世界一流大学A类建设高校。

（一）创新创业教育的实施成效

在我国的高校中，最早提倡并且开展创新创业教育的学校，就包括大连理工大学。其在1995年就开先河地创立了"创新教育实践中心"这个教学单位，对创新创业教育进行了大力建设，同时开设了创新创业教育的实践能力强化班，在培养人才时，创新创业教育成为其主要任务之一。学校对创新创业教育工作进行人员搭配，组建了领导队伍，并且制定了《大连理工大学深化创新创业教育改革实施方案》，搭建了创新创业教育的实践平台。这个平台以创新创业学院作为中心，以学部（院）级的创新创业教育实践基地作为分中心，以大学科技园、大学生创业园以及校外的实践教育基地作为纽带，形成了一种非常具有独特性的创新创业教育体系。依托该实践平台，学校面向学生开办了20个"双创"实践能力强化班，开设了百余门有关学科前沿、创新思维等的"双创"课程并将其纳入培养方案，大规模实施大学生"双创"训练计划。长久以来，大连理工大学的"双创"教育取得了非常可喜的成果。

1. 建成若干"双创"基地

作为创新创业教育的领军者，大连理工大学获得了一系列赞誉，比如被评为首批全国深化"双创"教育改革示范高校、首批全国青年科技创新教育基地、首批全国"双创"典型经验高校、教育部首批全国高校实践育人"双创"基地等。同时其还是辽宁省创业项目选育基地、辽宁省"双创"教育基地、大连市众创空间以及辽宁省大学生创业园区，是中国高等院校"双创"教育联盟中的常务理事单位。学校"双创"学院还建成了国内一流的"双创"实践基地，构建了国内领先的"创意、创新、创业"三创教育模式，打造了"创意激发""创新训练""创客实践""创业孵化"4个平台，形成了"以创新引领创业，以创业推动创新"的"双创"人才培养体系。学院现有全国高校实践育人创新创业基地1个，全国青年科技创新教育基地1个，国家级"双创"人才培养模式改革试验区2个，国家级大学科技园大学生创业园1个，国家级教学团队1个。

2. 取得若干"双创"成果

大连理工大学先后获得省部级教学成果奖10余项，其中"大学生创新实践中心的建设""创新人才培养工程的探索与实践"和"研究型大学拔尖创新人才培养体系的构建与实践"3个项目先后获得国家级教学成果一等奖。"创造性思维与创新方法"等10余门课程获批国家级、省级精品开放课程，在高等教育出版社出版了创意创新创业系列教材，在爱课程网等平台上开设在线课程。在全国、省级"双创"年会中，获评"我最喜欢的'双创'展示项目"、优秀论文等奖励30余项。学生"双创"成果获得省级及以上奖励数千项，发表学术论文500余篇，申请专利1000余项，目前在基地孵化的"双创"团队629个、注册企业22个，部分创业团队获得了风险投资。国家（省）级"双创"资源共享课5门，先后获得省部级及以上教学成果10余项，其中创新育人模式获得国家级教学成果一等奖3项，位居全国高校前列。学校还被评为国家大学生创新创业训练计划实施工作首批先进单位。

目前，大连理工大学创业实践训练成果显著，在各级基地孵化的"双创"团队130多个、学生创办企业20余家，取得良好的社会效益和经济效益。如大连华城天威科技公司获得了两期400万元风险投资；CASE项目创业公司产品在国内外十分畅销，获得多项投资；学生"双创"实践团队喜获中国大学生"小平科技创新团队"荣誉称号。

3. 得到社会广泛赞誉

经过多年的探索与实践，"双创"教育已经成为办学特色。学校通过协同育人，培养了一大批深受欢迎、具有创新精神和创业能力的"双创"人才，深受用人单位的好评。清华大学、北京大学等400多所高校领导或教师先后来校考察其"双创"基地或成果。学校作为"双创"教育典型多次在全国性大会上进行交流，介绍经验。中央电视台、《人民日报》、《光明日报》、《中国青年报》等新闻媒体多次对该校"双创"教育进行报道，先后有400余所高校师生到该校"双创"教育基地考察并给予高度评价。

（二）创新创业教育的主要途径

1. 确立方向

（1）结合教学改革实践，率先开展创造发明。围绕"实施精英教育、培养精英人"的人才培养目标，大连理工大学成为全国高校中最早倡导并开展"双创"教育的学校之一。1985年，部分教师从教学实践入手，开展"三小一环"教学改革实践，在学校掀起了创造发明热潮。学校因势利导，推进"双创"教育，并以"大连工学院首届大学生创造发明成果表彰大会"为契机，在全校开展如火如荼的"双创"教育。《中国青年报》记者曾以"大连工学院学生出现创造热"为题在全国进行了宣传报道。

（2）逐步完善"双创"机构，全面夯实"双创"基础。1990年，学校成立"大连理工大学创造发明培训学校"，对学生进行系统培训。1993年成立第一个学生创业企业——天威科技开发服务中心。1995年，学校在全国高校率先成立"创新教育实践中心"，面向校内学有余力、有兴趣的学生开办创新实践能力强化班，成立以学生创新实践为主体的教学单位，在全国产生很大影响。1998年全面实施创新人才培养工程。2000年，开设创业实践班，建立"学子创业园"，本科生顾大伟的一项成果吸引500万元的风险投资。2003年，成立大学生创新学院。2007年，创办创新实验班，成立处级建制的独立二级学院——创新实验学院。2015年，学校将创新实验学院更名为创新创业学院。

（3）培养拔尖创新人才和提高科研创新能力相结合，一流学科与一流专业两个建设相融合。"实施精英教育、培养精英人才"是学校建设国内外知名的高水平研究型大学的战略任务。培养一流人才是学校发展的坚定目标和不懈追求。在"双一流"建设中，把提高教学水平、培养拔尖创新人才和提高科研创新能力相结合，使一流学科建设与一流专业建设有机融合，相互支撑、相互促进。以深化"双创"教育改革为学校教育综合改革的突破口，全面推进多元化的人才培养模式、研究型的教学模式、以学生为本的管理模式的改革。

（4）按照"三创"融合教育理念，构建"2345""双创"教育体系。按照"创意、创新、创业"（"三创"融合）的"双创"教育理念，构建"2345"（双协同——校内校外协同与课内课外协同；三融合——坚持创新引领创业，将创意、创新、创业融为一体，使富有创意、善于创新和勇于创业相融合；"四平台"——校级平台、学部学院级平台、大学生创业孵化平台和校外实践教育平台；"五位一体"——开设"双创"课程、创办"双创"俱乐部、实施"双创"训练计划、开展竞赛、强化实践，建立与"双创"教育相适应的保障机制）"双创"教育体系。完善开放办学协同育人机制，广泛与科研院所、行业企业合作，整合优质社会资源，共同培养人才。拓宽教师和学生国际视野，提高教师和学生的国际交流与合作能力。

2．采取措施

（1）机制保障，促进创新创业教育可持续发展。学校制订了《大连理工大学深化创新创业教育改革实施方案》，成立了"双创"教育工作领导小组，成立领导小组办公室，并设在"双创"学院。创建了由校长牵头负责且多个教学部门共同进行抓管的联动协调机制，这对于学校"双创"工作的开展起到了非常有效的推进作用。对于创新创业教育的工作，学校保持高度重视，定期就创新创业教育工作召开专门的会议，对创新创业教育工作进行探讨研究以及部署。学校每年将"双创"教育工作纳入年度重点工作，制订相应实施方案。

（2）打造平台，提供良好创新创业硬件资源。投资打造学校四级"双创"平台，在四级"双创"平台建设了几十个"双创"实训室、"双创"中心等"双创"训练基地。学校正式行文任命了一大批"双创"实训室（中心基地）主任。学校将"双创"学院安排在研究生教育大楼，教育部投资3亿元建设建筑面积7万平方米的"大学生创新实践能力训练基地"，学校投入1700万元改造6500平方米的"大学生创客基地"。

（3）融入课堂，将创新创业教育纳入人才培养主渠道。修订本科生培养方案，设置"双创"教育与个性发展课程（6学分）。面向全体低年级学生开设"创造性思维与创新方法""创业基础与实务"等"双创"必修课程。就创新创业教育的实战开设了近100门课程，包括"创业管理""创新创业工程和实践""创业实践""创新创业+互联网"等。依托国家重点实验室开设了相关的前沿课程，如"创新探究""学科前沿实验"等。开设了1个创新与创业管理辅修专业。面向高考优秀学生，开设电信大类、机械大类、化工大类和钱令希力学等4个创新实验班，实行大类招生、大类培养，"双创"教育4年不断线。面向校内学有余力、有兴趣的学生开设"双创"实践能力强化班17个，强化学生的实践动手能力。

（4）营造氛围，传播创新创业精神。鼓励学生组建"灵魂车队""机器人""大工创客"等大学生"双创"社团和创业俱乐部30余个。开设创业沙龙、创业讲座，定期开设创业大讲堂，邀请创业成功人士与大连理工学子面对面分享创业经验。在学生宿舍建立了50个"校园驿站"，学生"双创"团队可以申请进入驿站，教师可以提供指导服务。

（5）加强训练，实施大规模大学生创新创业训练计划。学校将"大学生创新创业训练计划"纳入人才培养方案，建立"四个一"制度：每一位教师，指导一个项目，每一年，接收一名学生。学校每年划拨300万元的专项资金；每年有50%以上的学生参加"双创"训练项目，项目结题后可转换为学分；每年举办"双创"年会，营造"双创"氛围。

（6）强化实践，实施学生创新创业能力提升计划。学校下发了《大连理工大学大学生创新实践强化班管理办法》，开设了"双创"实践能力强化班17个，面向全校在主修专业外学有余力的学生招生。设立强化"双创"实践能力的系列课程，纳入培养计划。树立CDIO教育新理念，倡导学生做中学、学中思、思中创，系统地培养大学生"双创"能力。每年招收学生1200余人，学生修完规定15学分的课程后可获得学校颁发的"双创"能力证书。在"双创"实践班培养计划中，开设"双创"公共课程。实践班设专门教学岗位，配备专职教师和实验教师，落实"做中学、学中思、思中创"理念，系统地对学生的创新实践能力进行强化。

（7）举办竞赛，作为学生创新创业能力水平的试金石。学校每年投入200万元专项经费支持学生参加120余项"双创"大赛；学校制定了《关于学生代表学校参加竞赛的若干规定》，对竞赛获奖学生在学分认定、奖学金申请、推免研究生等方面进行激励；设立"双创"大赛负责人制度，制定了《教师指导大学生竞赛工作量量化及奖励办法》，对参加指导的教师给予工作量化和奖励，在教师年度工作考评、职称晋升等方面给予量化积分。

（8）开设慕课，为校内外提供优质创新创业教学资源。共享课程10余门，建设辽宁省精品开放课程、国家级精品公开课，其中视频公开课为"创造性思维与创新方法"（最受欢迎的课程），精品课程为"创新教育基础与实践"（国家级唯一创新创业类课程）。开设"互联网+创新创业""创造学基础""大学生创新创意创业教育""走进机器人"等10余门"双创"课程。这些优质的"双创"课程，目前在各类慕课平台上面向全国在线开放。在一学期内，有来自全国近140所高等院校7万人次在线学习了慕课"创造型思维和创新方法"，并且进行学分修读，对全国高校产生了巨大的影响。

（9）汇聚师资，建设专兼职相结合的国家级教学团队。学校"双创"学院目前设有"双创"专职岗位22人；聘请研究生、本科生从事"双创"助教、助管等，每学期50人；聘请校外知名企业家、成功校友70余人担任创业导师（创业沙龙、创业指导）；聘请校内兼职"双创"教师126人，从事课程教学、创业训练；组建"双创"教育校企协同联盟，包括苹果、英特尔、华为、中软国际等30家企业，提供创业基金、项目、导师、驻地导师。团队被评为国家级教学团队（全国唯一创新创业类）。

（10）政策保障，对学生提供全程指导、"一站式"帮扶。学校每年投入1000多万元"双创"专项经费，支持"双创"教育基地建设、教学及改革工作，资助学生参加"双创"竞赛、"双创"项目训练和实践。学校规定，学生参加"双创"项目、科技竞赛、课题研究等活动可以被认定为课堂学习，可申请转换为个性发展学分。鼓励条件成熟的在校学生调整学业进程，保留学籍休学创新创业。允许学生跨专业选修其他专业的课程。学校每年投入50万元设立"双创"奖学金。学校每年召开全校"双创"教育总结表彰会，评选"双创"标兵、优秀"双创"团队和优秀指导教师，并给予表彰，对先进事迹进行大力宣传。通过相关政策的制定，吸引教师投身至创新创业教育中来，在工作量中计入创新创业教育以及创业就业指导工作，同时在专业技术岗位的评聘以及绩效考核时，将之纳入考核内容。对于那些给予学生指导从而让学生在国家级的创新创业竞赛中获得优异成绩的教师予以相对应的奖励。每年安排教师参加省级、国家级的创新创业教育教学的专项培训。建立起对创业进行专职指导的队伍，同时创建包括"大工创客"、创新创业网以及微信平台等在内的创业信息平台，为创新创业设立专项基金，为大学生的创新创业全程提供指导以及一站式服务。

3．积累经验

（1）构建"2345""双创"教育体系（即双协同、三融合、四平台、"五位一体"）。

（2）因材施教，分类培养。开办"双创"实践班和创新实验班，坚持20年，不断完善拔尖"双创"人才培养模式。开办"双创"实践班17个，创新实验班4个；制订了"双创"实践班、创新实验班培养方案；将"双创"基础课程列为必修课，使"双创"课程与专业课程有机结合；建设了专兼职相结合的"双创"教师团队——国家级教学团队；建设了国家级"双创"课程教学资源；坚持创新引领创业，倡导学生做中学、学中思、思中创；建立全开放实验室；建立相应的管理运行机制。

（3）面向全体学生开设"双创"通识课程，实施大规模大学生"双创"训练计划，培养学生创新精神、创业意识和创新创业能力。建立"四个一"制度（一名教师、一个项目、一年、至少指导一个学生）。将创新创业教育纳入培养方案，每年有超过50%的学生参加大创项目，记3学分；建立学校学部（院）两级组织协调委员会；制定《大学生创新创业训练计划实施办法》，编写《大学生创新创业训练计划过程记录册》；制定实验室开放激励机制；制定教师和学生激励机制。

（4）依托研究型大学学科和科研优势，为拔尖创新人才培养构建了八大实施平台。以优势学科和高水平科研为依托，建成了优势与特色专业平台；以公共基础和专业核心课程为重点，建成了精品课程平台；以国家实验教学示范中心为牵引，建成了高水平实验教学平台；以国家和省部级重点实验室为依托，建成了学生科研训练平台；以校院两级创新教育中心为依托，建成了自主开放的创新实践平台；以校企合作共建为突破口，建成了全天候实习实训平台；以大学文化体系建设为核心，建成了文化育人平台；以国内外校际合作为纽带，建成了学生访学交流平台。

第四章
高校创新创业教育模式的构建

第一节　教育理念的更新、教育目标的调整及教育组织的完善

一、教育理念的更新

（一）全面发展是创新创业教育的方向要求

大学生是一个完整的生命主体，是一个有多方面需求的个体。创业教育要吸收专业教育和素质教育内容，确保大学生身体素质和心理素质的全面发展，确保大学生物质生活和精神生活的全面发展，确保其树立正确的世界观、人生观、价值观。高校应结合创新创业教育实际，在确保大学生能够积极应对职业需求、劳动变换、人员流动和工作受挫的前提下，重点培养大学生的创新能力和实践能力、创业意识和创业本领，完善创业知识结构，着力开发大学生的智商和情商。

（二）主体性发展是创新创业教育的本质要求

主体性发展是指人在与客体相互作用的过程中应具有的能动性发展。这种能动性发展主要表现在两个方面：一是人对自然、社会的认识、利用和改造方面，表现为人的主动性、自主性、选择性和创造性发展；二是人在自然和社会责任方面，表现为人的道德性、理智性和自觉性发展。在物质生活和精神生活都得到极大改善的今天，大学生对自身主体性产生了极为迫切的诉求。创新创业教育就是把大学生培

养成为社会实践能动的主体，尊重大学生的人格、主体地位和参与原则，最大限度地发展学生的道德性、主动性、自觉性和创造性，培养大学生对知识、问题主动思考的质疑态度和批判精神，并引导学生运用所学的知识解决实际问题，使其了解和掌握创业规律和特点，有效提升创业主体所具备的综合素质。

（三）创新性发展是创新创业教育的特征要求

创新性发展是创新创业教育的时代命题、前进课题和现实问题，也是高校实现又好又快发展的一个前提条件。创新性发展源于创新创业教育多样的教育体系、教育机制和教育平台，主要体现在：第一，结合新经济增长的智力支撑特点，体现时代要求，体现中华民族伟大复兴对未来人才的要求，建立起教育紧紧沟通社会与经济的教学纽带，建立起人才从单一型向复合型、从职业型向社会型、从传承型向创新型、从就业型向创业型转换的培养渠道，丰富创新性发展体系。第二，结合学分制、休学制、转学制等弹性学制与创业教育配套的教育政策，解决好创业课程与创业实践、孵化基地与经济实体之间的关系，建立有利于创新创业人才脱颖而出的教育制度，开辟创新性发展机制。第三，结合学校产学研过程，利用社会课堂、视频教学、远程教育等诸多手段，扶植一批品牌创业项目，产生科技创新吸引力，以扶持意识和竞争意识形成创新原动力，搭建创新性发展平台。

（四）个性化发展是创新创业教育的内在要求

个性化发展不是德、智、体、美、劳诸方面均衡地发展，而是某一方面或几方面的突出发展，个性化发展就是对人的才能及精神的拓展和解放，是对人的天赋、爱好、秉性及风格的拓展和解放。创新创业教育可以采取以下途径实现大学生的个性化发展：一是教学内容要充分体现前瞻性、开放性、实践性和实用性，涵盖策略、技巧、模式、方法和手段，教学形式要为大学生所欢迎，为大学生所接受。二是课程设计要紧紧结合社会需求和经济建设，凡是社会需求和经济建设中急需的新知识、新技术、新工艺和新方法，都应当有效融入创业教育课程体系之中。三是课堂可以在教室孵化基地或企业，也可以在人才、劳务市场。授课教师要注重学生接受教育的过程和结果，不要拘泥于教学计划和形式。四是师生身份可以相互模拟转换。师生关系有时可以是师徒关系，有时可以是业主与雇工的关系，有时也可以是法人代表与员工的关系，有时还可以是债权人与债务人的关系。这些方法的采用和落实，能够极大地促进大学生个性化行为的生成。

（五）价值性发展是创新创业教育的目标要求

价值性发展的核心是社会价值发展和物质价值发展。就社会价值发展而言，创新创业教育应充分利用现代文明进步所赋予的一切教育手段，整合社会力量和资源，抢占马克思主义信仰教育和社会主义核心价值观教育的制高点，突出理论武装的重要地位，着力扩展创业教育的社会观、价值观和发展观，培育大学生全新的生存理念。就物质价值发展而言，创新创业教育应引导大学生把个人的命运同国家的命运紧密联系在一起，到祖国需要的地方去创业，到工农群众中去寻求发展，积极投入火热的社会实践中，努力成为创新型国家的建设者、物质财富的创造者、自我价值的实现者。

（六）和谐性发展是创新创业教育的理性要求

创新创业教育是创造事业的教育。成功的事业的标志包括理想道德的积极向上、精神生活的健康愉悦和自然社会的和谐统一。围绕创新创业教育的理性要求，和谐性发展包括以下3个方面：一是理想道德的和谐发展。这一和谐发展要求大学生自觉把自己的理想落脚在为社会主义服务和为人民服务上，自觉把自身的道德落脚在社会主流价值观和社会主义核心价值观上。二是精神生活的和谐发展。这一和谐发展要求大学生在德与智、知识与能力、素质与职能、心理与生理方面和谐发展。精神生活的和谐性发展是社会发展的基础和条件，也是大学生追求更高生活质量的基础和条件。三是自然社会的和谐发展。这一和谐发展构成了社会进步的重要力量，要求大学生接触自然，认识自然，了解社会，理解社会，实现从心理到思想再到行动上的真正融入。

二、教育目标的调整

我国传统的应试教育存在脱离实际的问题，例如，部分高校培养出来的学生不能满足社会发展对人才的需求，并且存在着专业设置过窄、人文教育不受重视（尤其是理工科院校）、教学内容陈旧、教学方法手段落后、教学模式单一等弊端。这样的教育体系培养出来的人才保守，缺乏创新精神和创业能力，难以适应复杂多变的社会生活和难以预测的外部环境。

因此，高校要转变教育观念，确立以创业素质教育为核心的教育观。学校教育不等于职前岗位培训，其给学生提供的是一个走向社会的起点，而不是终点。高校要摒弃专业对口的静态就业观，确立就业就是不断创业的动态过程的人才观。对大学生进行创业教育，培养具有创新精神和创造、创业能力的高素质人才是当前高校的重要任务。高校应改革传统的人才培养模式，转变单一人才观为复合通用人才观。现代社会所青睐的人才不再是专业定向、意识定态、思维定式、技能定型的人，而是拥有多种证书，具备坚实专业基础、敢于独立创新等素质潜能的人。

传统的教育培养出的学生普遍存在理论水平高、动手能力弱、创新意识淡薄等问题，这极不符合现代社会快速发展对人才的要求。现代的教育要适应现代社会的发展，就必须改变原有的旧模式，确立全新的教育理念，关键要实现以下转变：由精英教育向大众教育转变；由培养专才向培养通才转变；由封闭教育向开放教育转变；由应试教育向素质教育转变，等等。

高等教育应该是一种理念教育、素质教育，其不仅应传授专业知识和专业技能，更应该传播一种生存和创造理念，培养学生的生存素质和创业素质。过去，我国高等教育的培养目标比较强调学生知识的掌握和技能的训练，强调人才对现实社会的被动适应，较少考虑如何充分发挥学生的主观能动性和创造潜能。这在劳动力供不应求的社会条件下，对维护社会的稳定、促进社会的发展是有益的。但是，一旦劳动力供过于求，这种培养目标的优越性就难以体现出来。在目前就业形势日趋严峻的情况下，高等教育要深化人才培养模式改革，着力提高学生的创新创业能力。

高校的各级领导要把创新创业教育作为高等教育改革、提升办学质量的重要载体来抓，将之纳入年度和中长期的发展规划，进一步明确大学生创业教育的使命和地位；要进一步统一思想，在高校营造人人重视创业教育，人人贯彻、执行创业教育理念的良好氛围，凝聚起高校推广创业教育的合力。

高等教育质量工程的实施，要求转变教育思想观念，创新人才培养模式，为国家和社会培养高素质的创新型人才。高校应通过开展教育思想观念的研讨活动，树立正确的质量观，开始重视、支持开展创业教育，认识到创新创业教育对学校事业建设发展的重要性和必要性，真正把创新创业教育提到学校事业发展的议事日程上来，摒弃不利于创业教育开展的"怕、等、瞧"等思想观念，由培养就业型人才向培养创业型人才转变，扎扎实实地把创业教育开展好，培养创新创业人才。

从某种意义上说，高校的创新创业教育是大学生创业能力培养机制构建的基础。大学生创业能力培养机制的形成，有赖于高校创业教育的实施。而高校创新创业教育的实施，首先要求高校转变教育理念。我国的高等教育一直以学科体系为中心，注重知识的系统灌输，高等教育的培养目标更大程度上是培养适应我国社会经济发展所需的就业者。随着终身教育理念的广泛传播及世界范围内的劳动力就业市场的不断变化，终身性职业时代已逐渐消退，科技发展对人力的替代已使更多受过高等教育的人不能成功就业。因而，我国高校应积极引入创业教育的理念，从教学目标到教学内容都应跳出学科体系的樊篱，在进行系统的专业知识传授的同时更应注重对学生实践能力及创新能力的培养。高校应通过有效的教育使学生具备敢于创造、不畏艰难、把握机会、勇于创业的品质及实践操作技能；通过有效的创业知识及技能培养，使学生具备主动发掘商机及就业机会的能力，从而更好地适应社会职业环境的变化，从"就业者"转变为"创业者"。要转变学生的就业观念，高校就要做到"三破三立"，即破除学生等待安置的旧观念，使学生树立自主创业的新观念；破除学生一业而终的旧观念，使学生树立从事多职的新观念；破除学生安于现状的旧观念，使学生树立开拓进取的新观念。另外，要让学生认识到创业是实现远大理想、开创辉煌人生的一条重要途径，是社会进步和发展的需要。

创新创业教育从根本上讲是一种创新教育，注重创业精神和创业能力的培养。创新创业教育不只是教育内容的更新、教育方法和手段的变革，而且是教育功能的重新定位，因而是具有全局性、结构性的教育改革和发展，是教育领域里一种全新的价值追求。创新创业教育的实质是把创造力的开发作为根本功能的一种全新教育理念和教育行为。

三、创业教育组织的完善

目前，创新创业教育尚未真正进入绝大多数高校决策者的日常工作视野，开展创新创业教育的氛围也尚未形成。在我国绝大多数高校中，创新创业教育仍然归口到团委或者就业指导中心管理，成为促进大学生就业的辅助渠道之一。创新创业教育尚未被真正纳入高校办学的核心指标体系，实现与学科建设、专业设置、教材改革、教学模式改革、教学评价体系的联结与互动，缺乏专门的创业教育管理机构。

美国高校的创新创业教育组织机构形式是多种多样的，除了创业教育中心、创业研究中心、创业中心外，还有一些其他组织机构，如创业家学会、智囊团、创业研究会等。创新创业教育中心主要负责开设创业教学课程、制订教学计划。创业家学会一般由比较杰出的企业家组成，例如，百森商学院的创业家学会的成员还包括麦当劳的总裁、数字化设备公司的总裁等。让这些企业家分享他们创业的经验，可以激发学生的创业激情。智囊团也是美国创业教育中一个很重要的组织结构，一般由公司的董事长和首席执行官组成，每年定期举行会议，可以起到咨询与加强外部联系的作用。

基于我国目前创业教育组织现状，我国高校可以借鉴和参考美国高校创新创业教育组织机构的形式，完善创新创业教育组织。

（一）成立创新创业教育领导小组

高校树立了明确的创新创业教育思想后，要建立健全教育的保障机制，进一步加强对大学生创新创业教育的组织领导，要建立有力的创新创业教育领导组织体系，确保创新创业教育落到实处。高校应成立由学校党政领导、督学、有关职能部门及各教学单位负责人组成的创新创业教育领导小组，负责领导、协调全校创新创业教育工作，对推进创新创业教育中牵涉全局的规划、政策、表彰等重大事宜负有决策权力，负责对全校创新创业教育工作和下级创新创业教育组织或团体进行宏观管理和监控，为大学生创新创业教育提供强有力的组织保障。创新创业教育领导班子应结合学校自身的定位和未来发展的战略取向，优化创新创业教育的政策环境，将学校人才培养目标定位为"创新+创业"；通过狠抓培训、服务、激励等各个环节，强化大学生创业意识，提高大学生创业能力；搭建大学生创业平台，支持大学生创业活动；培育大学生创业典型，丰富大学生创业文化。

（二）成立创新创业教育研究中心

高校也应成立创新创业教育研究中心，建立一支稳定的教学科研教师队伍。教育研究中心可以由专职教师与兼职教师组成，高校应根据教学需要确定教师的数量。比如，百森商学院有8名全职创业教师，还有4名助理教师和5名全职职员；贝勒大学有4名全职创业教师，还有2名助理教师、5名全职职员、2名创业研究员。创新创业教育研究中心是主要负责开设创业教学课程、制订教学计划，负责组织申报各类研究课题，定期组织召开学术研究会议，创办专业期刊，并积极组织开展论坛活动。

（三）成立大学生创业指导服务中心

高校大学生创业指导服务中心是高校促进校企文化结合、扶持大学生创业的机构，负责宣传大学生创业政策和信息、普及创业教育、开展创业指导和专题讲座、推广成功创业者的经验以及创业社团的管理工作。

大学生创业指导服务中心是推动创新创业教育发展的一个重要运作机构。首先，其负责对学生进行创业指导，开展以实际案例为主的创业知识教学，或对咨询的学生进行个别指导，从而帮助学生解决其在创业过程中遇到的诸如融资、财务管理、知识产权的评估、资本运作、收购兼并等方面的问题，并创立创业网站，扩大受益面。其次，对学生进行创业能力训练。其利用校办企业或创业基地开展训练，通过制订创业计划、创建公司、获取创业资源、制定企业战略等实训主题，组织以学生自身体验为主的活动或者以模拟仿真为主的实战训练。再次，将学生直接引入创业的环境。为学生提供与成功企业家、政府官员、风险投资人、知识产权律师直接对话的机会，为学生牵线搭桥，依托企业实施创业。最后，大学生创业指导服务中心还负责与社会建立广泛的外部联系网络，包括各种孵化器和科技园、风险投资机构、创业培训机构、创业资质评定机构、小企业开发中心、创业者校友联合会、创业者协会等，形成一个高校、社区、企业良性互动式发展的创业教育生态系统。

第二节 高校创新创业基地及学生创业平台的建设

大学生不但要具有创新创业的意识与技能，还要具备促进成果转化及产品开发方面的经验，把创新创业教育与科学研究、产业发展紧密结合起来。建设高科技园区并将之作为创新创业基地，帮助创业学生实现产、学、研一体化，在创业计划大赛的基础上进行更高层次的创业活动。

一、开发校内市场，建立创业孵化器和创业基地

高校蕴涵着巨大的校内市场，而校内市场应向大学生创业适度开放。创业学生

熟悉校内情况，了解其他学生的需求，有一定的人脉，在校内市场方面有着独特的创业优势。校内市场可以被视为培养大学生创业素质的绝好实验室，高校应该充分利用这个资源来让大学生进行创业锻炼。

高校应为大学生建立校内创业孵化器（实验室）和创业示范基地。创业孵化器（实验室）应由学校或政府负责提供基金和各种资源，下设由学生组成的创业项目小组，由有管理能力的学生来担任小组负责人，并配备教师负责指导，帮助学生解决在创业学习中遇到的各种难题。高校还应创造条件为大学生建立创业示范基地或创业园，为学生创业提供资金、资助和咨询服务，以各种方式指导学生自主创办、经营企业，让学生从事技术发明、成果转让、技术服务等工作，让学生在实践中处于主体地位，体验创业全过程，从而培养他们的创业精神和创业能力。

二、与企业合作，建立校外大学生创新创业实践基地

高校应建立校外大学生创新创业实践基地，建立产、学、研一体化教育模式。高校应通过与企业开展合作教育，安排学生见习、实习，使教学更贴近市场，提高专业与市场的结合度，让学生进入社会，深入岗位，让他们跟随创业人士去捕捉创业的灵感，感受创业氛围，增长创业才干，提高学生的创新能力和创业能力，从而实现教学与社会效益的双赢。

三、设立创业基金，多渠道帮助学生筹措资金

创业所需的大量资金，对于大学生来说是难以筹措的。高校应当设立大学生创业风险投资基金。高校可以拨一笔专项资金，也可以通过各种途径吸引社会赞助来设立风险投资基金。相应地，还要建立大学生创业风险投资基金的管理机构，严格选择符合条件的大学生创业项目，并对大学生创业项目的经营情况实施监控。这样做，一方面可以保证风险投资基金能顺利回收；另一方面也有助于大学生成功创业。例如，学校有关部门和专业教师可以根据学生创业项目的需要和特点联系孵化小企业的大、中企业，让有创业计划和能力的学生与大、中企业牵手创办小企业；高校可以设置专门的部门，帮助学生进行市场分析、风险控制，乃至向各政府部门或民间组织设立的基金会申请创业资金；高校可以完善大学生小额创业贷款制度等。

第三节 高校创新创业教育的模式

一、我国高校创新创业教育的模式类型

（一）融入式创新创业教育模式

融入式创新创业教育模式是指将创新创业教育融入高校素质教育，通过第一课堂和第二课堂来培养学生创业意识和创新能力的一种创新创业教育模式，其代表高校是中国人民大学。中国人民大学是第一批创新创业教育试点高校之一，学校坚持创新是永恒的主题，在创业教育上结合学校人文社会科学学科优势，积极融入以"立德树人"为理念的学校人才培养体系，推进创新创业型人才培养模式变革。中国人民大学主要侧重提高学生整体创业能力，强调"重在培养学生的创业意识，构建创业所需知识结构，提高学生的综合素质"。

1.融入式创新创业教育模式的基本情况

（1）第一课堂与第二课堂。中国人民大学的创新创业教育模式的主要特点就是融合"创业意识+创业知识结构+综合素质"，将课堂教学与社会活动有效结合起来，这种模式也是我国高校创新创业教育最常使用的一种模式，即第一课堂与第二课堂相结合。在第一课堂方面，中国人民大学的创业课程包括专业选修、专业必修、校级选修和校级公共基础课程。2014年，学校还开拓性地将"大学生创业训练"作为全校本科生公选课（2学分），课程一经推出，就在全校范围内引起了广泛讨论，选课人数一度突破300人。到了2017年，中国人民大学创业精品课程已达11门。在第二课堂方面，中国人民大学主要以学生课外实践活动为主，包括各种与创业相关的实践活动、比赛，并且组织运营了多处众创空间，为学生创新创业提供全程指导和一站式服务，增强学生的创业实践能力。2015年，中国人民大学正式成立创业学院，并进行了更为清晰的创业教育定位，在第一课堂和第二堂课题的建设上都有很大的进步。

（2）学生创业园与创业学院。中国人民大学创新创业教育主要通过第一课堂与第二课堂相结合来进行，同时学校还在2009年与2015年相继成立了学生创业园与创业学院。学生创业园是中国人民大学文化科技园的园中园，能为创业团队免费提供办公场所。中国人民大学为了响应党和国家"大众创业、万众创新"的号召，贯彻创新驱动发展战略，基于学校"十三五"规划和高等教育综合改革方案设立了创新创业教育教学和科学研究组织，为学校的创新创业教育带来了新生机，也丰富了现有的创新创业教育模式。

2. 融入式创新创业教育模式的特点及不足

（1）融入式创新创业教育模式的特点。从中国人民大学创新创业教育模式的实施情况可以看出，融入式创新创业教育模式的特点有两个。一是理论教育与实践教育同步推进。理论教育主要通过必修课和选修课进行，实践教育主要是一些创业讲座与创业比赛，通过理论与实践的教学，促进学生创业能力的提升。二是注重对学生创业素质的培养。将创新创业教育融入专业学科教育，潜移默化地影响学生的创业思维，培养学生的创业素质，提升学生的创业能力，激发学生的创业意识。

（2）融入式创新创业教育模式的不足。融入式创新创业教育模式是很多高校采取的一种创新创业教育模式，但是这种模式也有一定的不足，主要体现在以下两个方面：一是跨学科交流少。融入式创新创业教育模式将创新创业教育融入学科教学活动，但是在跨学科交流方面体现并不充分。例如，文科院校在理工类创新创业教育方面的交流就相对欠缺，而创新创业教育很多时候需要的是多学科之间的相互交流。二是针对性不强，没有有针对性地开展创新创业教育。

（二）实践型创新创业教育模式

实践型创新创业教育模式注重对学生创业实践能力的培养，其代表高校是北京航空航天大学（以下简称"北航"）。北航是一所具有航天航空特色和工程科技优势的国家重点研究型高校，在创新创业教育上，北航以培养学生的创业意识和创业精神、传授创业知识、提高学生的创业技能为教学宗旨。坚持这一创新创业教育宗旨，北航凭借自身在科技研究、学科多样及师资力量上的优势，形成了重点培养学生创业技能的创新创业教育模式。

1. 实践型创新创业教育模式的基本情况

（1）学生创新创业意识培养。北航的创新创业教育注重实践，同时也相当注重对学生创新创业意识的培养，早在2001年，北航就开设了"科技创业"公共选修课，到了2016年北航已经在全校开设了"创造学""创业管理""创业概论"等面向全校的选修课程与必修课程。这些课程不仅拓展了学生对创新创业的认知，同时还为学生接受创新创业教育提供了更多的选择。除了必要的创新创业课程外，北航还有一系列的创新创业讲座，主要是邀请社会上有名的企业家及北航的创新创业校友到学校做报告，通过讲述他们的经历、实践及感悟，让学生进一步了解创新创业。

（2）优秀的教育师资。创业教育的师资力量往往是我国创业教育较为薄弱的一个环节，但是北航在这一方面有一定的优势，在2002年初学校就成立了创业管理培训学院，以此搭建创业平台、加强学生创业意识、提升学生创业技能；2007年，北航被授为全国唯一一所KAB创业项目师资培训基地，这意味着在培养创业教师方面，北航有着丰富的资源和经验。此外，北航还注重从校外引入具有创业经验的创业导师，为学生提供创业实践指导。

（3）创建科技园。北航科技园是以"提高自主创新能力，建设创新型国家"为指引，紧紧围绕学校长远发展规划而成立。自2000年建园以来，北航科技园在转化科技成果、孵化高新技术企业、培养创新创业人才、推进产学研结合等方面都取得一定成效。北航科技园在学生创业辅导培训方面起着相当重要的作用，并且有固定的流程。为了提高创业者的素质和创业能力，2002年北航科技园成立了北航创业管理培训学院，培训主要围绕创新创业、高新技术技能及科技园内部培训等方面展开。到了2009年还推出了北航科技园"实习、实践、创业、就业"综合基地，这个基地对全校大学生开放，主要用于学生与企业之间的交流，集"实习、实践、创业、就业"多元多功能于一体。

2.实践型创新创业教育模式的特点及不足

（1）实践型创新创业教育模式的特点。实践型创新创业教育模式的特点是注重创业教育的实践教育。创业实践往往是创业最难和最关键的部分，因为创业实践是对创业理论知识、创业素质及创业能力的综合应用，学生通过实践才能将平时所学应用起来，并通过实践发现自身创业能力及素质的不足。北航的创业实践教育就有完善的配套教学，有针对性地为有创业意愿和有较强创业能力的学生提供创业服务和支持。

（2）实践型创新创业教育模式的不足。如果说融入式创新创业教育模式是

"面"上的创业教育,那么实践型创新创业教育模式就是"点"上的创业教育,其注重对"种子选手"的选拔和培养,但是对于潜在的创业教育群体的培养还是存在不足。此外,虽然实践型创新创业教育模式在实践教学上具有一定系统性和流程性,但是在理论教学上缺乏系统的体系,这和学校对创新创业教育理论体系的研究及投入有关。

(三)"一体两翼"型创新创业教育模式

"一体两翼"型创新创业教育模式也可以理解为综合型创新创业教育模式,"一体"是指以创业学院为载体,对高校创新创业教育进行全面的管理;"两翼"包括"面上覆盖"和"点上突破",也就是分层次的创新创业教育。上海交通大学是一所综合性、研究型、国际化的知名大学,是国内较早开展创新创业教育的高校之一,同时也是"一体两翼"型创新创业教育模式的代表高校。

自实施创新创业教育以来,上海交通大学在创新创业教育上形成独特的模式和优势,这不仅体现在对学生的创业意识、创业能力及创新思维的培养上,同时还体现在创新创业教育的支持平台构建和创业教育资源供给上。

1. "一体两翼"型创新创业教育模式的基本情况

(1)"一体"——创业学院。上海交通大学的创业学院成立于2010年,学校将其定位为一所高起点、高水平、精品化、重实践的学院,旨在为学生提供全面、系统的创业素质教育,并建立完整的创业支持平台,为学生的创业实践、创业成果转化提供帮助和支持。创业学院采取"无形学院、有形运作"的新模式,即创业学院下设"教务办""实践办""对外交流办""科研办""行政办"5个实体办公室,由专职人员进行管理。创业学院主要面向全体学生开设通识创业课程,以培养学生的创业意识及精神,同时还面向具有强烈创业意愿的同学有针对性地开设课程,着重培养"种子选手"。

(2)"两翼"——"面上覆盖、点上突破"。"面上覆盖"指上海交通大学的创业教育是面向全校学生开展的,主要有创业教育课程和创业计划大赛等。创业教育课程主要包括两类:一是创新与创业教育大讲堂,这是一门面向全校学生开设的创新创业教育课程,主要以讲座的形式开展,邀请著名的企业家及创业管理领域的专家等来校演讲;二是创业指导课程,此类课程相比大讲堂更注重对学生创业专业知识的讲授,课上教师也会组织学生开展一些创业团队项目,制订商业计划书等。此外,上海交通大学自1999年举办创业计划大赛以来,至今深受学生喜爱,每年有

30多支队伍参赛，时间跨度大概8个月。大赛有系统的培训、辅导和评审环节，学生通过大赛不仅能增强创新创业意识和能力，还能培养团队协作能力。近几年，上海交通大学还推出了许多创业实践活动，如大学生创业训练计划、新创企业见习实习等，这些活动从不同层面丰富了学生的创业教育活动。

"点上突破"是指注重对学生进行创业专业化的培养，其目标是培养未来的企业家，主要体现在学校给予资金上的支持及积极建设大学生创业基地。资金是大学生在进行创业时必须面对的问题，也是创业实施的重要影响因素。上海交通大学通过一系列的资金支持来帮助学生创业，例如，在创业计划大赛中获奖，就有机会得到学校及基金会相应的奖金支持，如果项目投入实际创业，将有机会获得上海市科技创业基金的支持。此外，上海交通大学还在校内建立了全球创新创业实验室，为创业团队提供孵化场地、展示平台、讨论场所、创业诊断咨询等服务。除了校内创业基地，学校还和企业、政府共同建立了上海紫竹科学园区等，通过园区来充分发挥智力、科技、人才、信息和平台、资源、资本的集聚优势，为创新创业教育提供有力的保障。

2."一体两翼"型创新创业教育模式的特点及不足

（1）"一体两翼"型创新创业教育模式的特点。"一体两翼"型创新创业教育模式是我国创新创业教育中比较完善的一种模式，根据上海交通大学创新创业教育的发展情况分析，其特点有两个。一是创新创业教育学院的有效运作。高校创新创业教育的运行管理需要有专门的机构进行统筹，因为其涵盖的范围及利益相关者众多，由带头的部门进行资源配置和管理，能够有效促进创新创业教育的发展。二是"点"与"面"的统一。这种模式不仅在"面"上注重大范围的创新创业教育的宣传与教学，同时在"点"上注重对"种子选手"的培养和选拔，"点面结合"能够有效提升学生的创业素质和能力。

（2）"一体两翼"型创新创业教育模式的不足。虽然"一体两翼"型创新创业教育模式在"点""面"的建设上取得了一定成效和进展，但还是存在不足。主要表现为创新创业教育理论教学缺乏系统性，最明显的体现是缺少专业的、体系化的书籍，很多教材过于笼统、层次不分、内容陈旧、没有契合社会的发展及科技的进步，这些因素都导致理论书籍无法满足学生的需求。深究其根本，原因是目前我国缺少研究创新创业教育的专业教师，虽然关于创新创业教育的文献很多，但是真正研究创新创业学科发展的专业人士还不足。

（四）区域特色导向型创新创业教育模式

区域特色导向型创新创业教育模式是指高校在发展创业教育时考虑所处区域的文化、资源、社会氛围等因素，并且根据高校自身的发展与社会、高校、学生的需求构建创新创业教育模式，其代表高校是温州大学。温州大学的创新创业教育定位是培养服务地方的应用型人才，着重培养具有企业家精神的拿"执照"的"服务型创业人才"。自2002年开展创新创业教育以来，学校将自身办学实际与地方特色相结合，形成了独特且鲜明的创新创业教育模式。

1.区域特色导向型创新创业教育模式的基本情况

（1）传承温州创业精神。温州因受永嘉学派"经世致用，利义并重"思想的影响，其文化环境处处彰显着浓郁的创业氛围。受到地方文化与精神的影响，温州大学学生的创业意识相较于其他地区的学生都要高。温州大学在温州创业精神的引导下，不断探索创新，逐步形成了当前的创新创业教育模式。2000年，温州大学开始了创业教育的初步探索，2009年温州大学组建了创业人才培养学院，并在2014年设立了温州大学众创空间。其中，温州大学的创业教育教学管理、创业实践及创业研究主要由创业人才培养学院负责。

（2）构建创业平台。温州大学根据地方产业发展和企业需求，通过整合区域资源，结合高校特色，在创业教育方面侧重鼓励学生将专业与创业紧密结合，进而为学生提供专业性强的创业平台、创业实践及指导。创业人才培养学院面向全校学生开展创业教育，通过构建独特的培养体系，构建"学生创业工作室、学院创业中心、学校创业园"三级联动的创业实践平台，从而为学生的实践活动提供支持和帮助，形成良好的创业氛围。

（3）"产学研"相结合。温州大学开展创新创业教育时注重利用本地优势资源。首先，在温州商会的帮助下，温州大学与国内知名企业进行合作，并设立校外创业实践基地，以此培养学生创业、管理方面的能力。其次，温州是有名的侨乡，丰富的侨商资源为温州大学生创业项目的本土化提供了重要的资源。此外，温州大学积极与外界进行合作与交流，合作企业不仅包括大型的企业还包括很多中小型企业，通过发挥各种企业的特色和优势，为创新创业教育提供更多的保障和机会。最后，温州大学还注重与各高校之间的交流与合作，与各高校共同举办创业相关赛事、科技创新活动等。

2. 区域特色导向型创新创业教育模式的特点及不足

（1）区域特色导向型创新创业教育模式的特点。区域特色导向型创新创业教育模式深受区域内的文化、经济、社会等因素的影响，在这种氛围下，高校创新创业教育的发展更加注重与区域内产业的合作，其特点有两个。一是创新创业教育具有鲜明的区域特色。创新创业教育相对其他的专业教育，更容易受所在区域的经济、产业及文化等因素的影响，如温州大学的创新创业教育就受到温州区域创业文化的影响。二是注重"产学研"相结合。区域特色导向型创新创业教育模式相对其他模式而言更加注重与区域内企业的联系、交流及合作，而且在注重培养学生的创业能力的同时也关注所在区域的人才需求，有针对性地培养相关产业所需人才。

（2）区域特色导向型创新创业教育模式的不足。区域特色导向型创新创业教育模式注重创业教育与专业教育的结合，但是在创新教育方面有所欠缺，因为高校与企业合作时，大多数情况是让学生到企业进行实习，学习岗位职能及熟悉工作流程，虽然这种实践加深了学生对岗位的理解，但是对学生创新能力方面的培养作用相对较弱。

二、我国高校创新创业教育模式的典型特征

创新创业教育模式的形成不仅需要大量人力资源、资金的投入，还要根据资源环境的变化，不断调整结构、内容、形式来完善模式本身。对创新创业教育模式进行分析也是完善创新创业教育的一种方法，本部分将从创新创业教育目标、创新创业教育教学形式、创新创业教育课程设置、创新创业教育师资力量及创新创业教育支持体系这五个方面来分析我国高校创新创业教育模式的典型特征。

（一）在创新创业教育目标方面

创新创业教育目标是开展创新创业教育的目的，因为每所高校创新创业教育的情况不同，目标定位不同，因此在创新创业模式的构建过程中侧重点也会不同。通过对我国创新创业教育典型模式的介绍可知，当前我国创新创业教育模式主要分为四种，分别是融入式创新创业教育模式、实践型创新创业教育模式、"一体两翼"型创新创业教育模式与区域特色导向型创新创业教育模式。虽然它们的创新创业教育目标有所不同，但是主要方向还是以培养学生创新创业方面的能力为主。纵观国外开展创新创业教育的高校，大部分也以培养学生创新创业方面的能力和素质为创业教育目标。四种典型的创新创业教育模式虽然对学生创业能力培养的重心不同，

但是总体而言，学校制定的创新创业教育的目标是清晰的，方向是正确的。

（二）在创新创业教育教学形式方面

教学形式包括教学模式、教学策略、教学手段及方法等。对于创新创业教育教学形式，可以理解为创业教育在教学过程中所体现出来的教学方法、手段及模式。在我国创新创业教育主要的四种模式中，融入式创新创业教育模式是将创业教育和专业教育进行有机融合，在专业知识传授的过程中加强创业教育，但由于在融入式创新创业教育方面投入的研究还不够深入，因此在教学形式上还是以理论教学为主，缺少创业实践方面的教学，创新创业教育教学形式和传统课堂的区别并不大。实践型创新创业教育模式突出的特点就是注重实践，因此相对传统的教学形式加入了更多的实践培训，在形式上有所突破，但是在非实践教学过程中还是偏向于单纯的理论讲解。"一体两翼"型创新创业教育模式属于综合模式，教学覆盖创新创业教育的理论和实践，因此教学形式较为多样，但是由于我国高校创新创业教育体系的不完善，教学形式未形成系统和规模。区域特色导向型创新创业教育模式立足于区域发展，教育过程也偏向于实践，在教学形式上存在的问题与实践型创新创业教育模式相似。虽然我国高校已经形成具有特色的创新创业教育模式，但是目前模式还不成熟，尚处于探索和发展阶段，缺乏必要的研究和专业性的指导，因此无论在理论教学形式还是在实践教学形式上都不完善。在我国，创新创业教育的教学形式大多数还是沿用传统模式，较为单一，特别在实践教学上还是相对欠缺的。

（三）在创新创业教育课程设置方面

创新创业教育课程设置是高校对创新创业教育相关课程的设立和安排。目前，我国高校创新创业教育课程设置主要分为创新创业教育基础课程、创新创业教育专业课程和创新创业教育实践课程。开设创新创业教育基础课程是为了培养学生的创业意识、创业素质、商业道德，课程包括"职业生涯规划""企业家精神"等；创新创业教育专业课程属于专业性较强的课程，主要为了培养学生的创业能力、创新能力、创业技能，课程包括"新创企业融资""企业管理""创业企业财务管理"等；创新创业教育实践课程从综合角度开发学生的创业思维和能力，主要包括创业大赛、创业培训、创业拓展训练等。从前面对我国创新创业教育模式的介绍可知，我国创新创业教育的课程大多包括理论课程与实践课程，例如，融入式创新创业教育模式在理论课程设置方面种类较多，而且也涉及实践课程；实践型创新创业教育模式在实践类课程的设置上相对其他模式较为完善，但是由于我国创新创业教育的研究还处于探索阶段，理论课程缺少体系，实践课程主要停留在创业竞赛、商业计划书、创业报告的指导上，没有完善的规划，因此很难全面提高学生的创业综合素质，而这些正是我国高校创新创业教育模式需要共同面对的问题。

（四）在创新创业教育师资力量方面

教师是创新创业教育教学活动的实施者，是创新创业实践的指导者，也是创新创业教育理论的研究者，因此创新创业教育师资关系着创新创业教育实施的效果及目标的实现。从教师创业素质方面分析，融入式创新创业教育模式注重将专业教育与创业教育相结合，偏向于理论研究，因此配备的教师大多缺乏与创业有关的实践经验；而实践型创新创业教育模式以实践为主导，这种创新创业教育模式配备的教师在创业实践、经验及技能方面的实力相对其他模式要强些；"一体两翼"型创新创业教育模式既注重对学生创业素质的培养，也注重对学生创业实践能力的提升，对师资的综合性要求更高些；区域特色导向型创新创业教育模式与区域的经济及企业的发展有着密切的联系，这种创新创业教育模式配备的教师对学生在相关工作岗位方面的指导能力较强。在创业师资构成方面，我国高校基本采用校内教师与外聘教师相结合的方式，校内教师主要由经济管理专业的教师、负责学生就业指导的辅导员及学生工作部门的管理干部构成；外聘教师包括具有创业经验的企业人员及相关行业专家等。虽然近几年随着国家对创新创业教育投入的增多，我国创新创业教育的师资力量也在逐渐增强，但是师资力量总体上还比较薄弱。在师资数量上，无论是校内教师还是外聘教师，都不能满足创新创业教育的需求；在师资质量上，我国高校创新创业教育严重缺少专业带头人和学术骨干。

（五）在创新创业教育支持体系方面

创新创业教育是一个复杂的教育体系，其支持体系不仅来自高校，还涉及政府及社会。在高校支持体系上，主要包括创新创业教育研究及管理机构、创业孵化平台等；政府对创新创业教育的支持主要包括政策、资源供应、创业教育氛围营造及平台构建等；社会的支持主要是为创新创业教育提供必要资金。对于不同的创新创业教育模式，学校的创新创业教育支持体系也会有所不同。例如，融入式创新创业教育模式在创新创业教育学科融合研究方面的支持力度会大些，而实践型创新创业教育模式在创业孵化平台建设上投入的精力更多些，"一体两翼"型创新创业教育模式在学科研究及实践平台上的支持力度比较均衡，区域导向型创新创业教育模式在创业实践及培训方面的支持力度更大些。

三、新时期高校创新创业教育新模式构建

创新创业教育的关键在于提高大学生的创业意识与能力。具体来说，其教育目标在于使大学生具备以下素养：活跃的创业意识、出色的创业能力、扎实的创业知识、健康的创业心理。

（一）创新创业教育新模式的构建原则

1．主体性原则

主体性原则强调学生在创新创业教育中的主体作用，发挥其在整个过程中的主体性。新模式要求教师以学生为主体，因材施教，给予学生一定自主学习的空间，不断发掘每个学生身上的闪光点，使学生的优势得到最大程度的发挥，从而促进学生的自我发展与自我完善。

2．创新性原则

创新精神是每个人所必须具备的品质，创造力对人们的学习、工作以及生活具有十分重要的意义。而创新创业教育更要注重对学生创新意识的激发，不只在创业中，在生活、学习等各个方面都需要具有创新性。所以新模式必须注重对学生创新精神的培养，充分激发学生的创造力，创新性是学生成功创业的基础。

3．差异化原则

个性教育理论认为不同的学生存在个体差异性，所以大学生创新创业教育模式必须体现个性化教育的特点，反映学生发展中存在的差异。大学生在创业学习中必须认清自我，做到按照个体需要自我选择。例如，高校可以先了解学生对于自主创业的想法，根据不同的专业、不同的年级等展开不同的创新创业教育。

4．全面性原则

创新创业教育模式是在创新创业教学目标及原则的指导下，将教学课程、教学方式、教学成果等有机结合的简化方式。创新创业教育模式应指导创新创业教育的各个环节，教育目标、构建原则、课程内容、教学结构、教学对象等都应该表现在模式中，所以创新创业教育模式必须体现全面性原则。

创业实践活动是创新创业教育中的重要环节，总体来说，创新创业教育具有实

践性强的特点。所以创新创业教育必须坚持理论联系实际，不能脱离实际，不能纸上谈兵，这也就要求创新创业教育的教师应接受过专业培训或具备创新创业经验。所以在创新创业教育模式中，教学课程要体现实践性的特点，鼓励学生多参与创业实践活动，不断提高学生的创业实践技能。

（二）创新创业教育新模式构建呈现的特点

1. 丰富性

在线课程的灵活性必然会导向教学内容的丰富性。互联网背景下的教育课程克服了传统课程教学的弊端，高校丰富的课程资源可以满足具有不同兴趣爱好的学生的创业需求。不仅创业课程具有丰富性，互联网背景下创新创业教育模式也比传统模式更为丰富，在课程、讲座、孵化场地等方面都可以结合互联网，为学生提供丰富多样的创业活动。

2. 灵活性

互联网背景下，在线课程是创新创业教育课程的核心。由于网络教学有别于传统课堂，教师不能面对面管理学生的上课纪律，所以创新创业课程必须引起学生的兴趣。这就要求创新创业课程具有灵活性，在教学内容、教师讲课风格等方面都进行灵活设置，学生可以根据兴趣进行选择。如学生可以选择自己感兴趣的创业方向、自己薄弱的创业课程等，真正做到按需学习。

3. 实践性

创新创业教育是理论教育，但在某种程度上讲更是一种实践教育。高校在创新创业教育中，不仅要注重对学生传授创业理论知识，更要重视锻炼学生的创业实践技能。互联网背景下，高校在创新创业教育实践中应与政府部门、企业、孵化实践场地等多方开展深度合作。在传统创新创业教育开展创业大赛、创业专题讲座的基础上，高校通过政府的资金支持，与企业共建创业教育孵化基地，不断增强高校创新创业教育的实践性，从而培养高素质的创业人才。

（三）互联网背景下高校创新创业教育新模式的构建

1. 创新创业教育理念的建设

新模式中的每一个环节都是为了教育理念更好地实现，因此，高校构建创新创业教育模式首先要树立科学正确的教育理念，为建设高素质的创业人才而努力。

传统的教育模式已经不完全适用于互联网背景，不能更好地激发大学生的创业热情，还间接增加了高校大学生毕业的就业压力。所以在创新创业教育新模式中，高校首先应树立全面的创新创业教育理念，再树立总体目标与分层目标。新模式下高校要转变教师和学生的创新创业教育观，注重培养学生的创业意识。在课程教学、实践活动、孵化基地中，将创业教育理念切实融入实际教学，推进大学生综合素质的提高。通过调查，很多学生认为自己并不需要创新创业教育，创业是找不到工作的无奈选择。这说明学生对创新创业的真正内涵仍然模糊不清，与国家的期望还存在很大的差距，需进一步加强。

高校创新创业教育应树立总体目标与分层目标，这样能够更好地促进创新创业教育的实施。创业人才的培养是高校创新创业教育的最终目的，即总体目标。创新创业教育要始终围绕践行素质教育和培养创业人才的教育理念。创新创业教育和传统教育相比，的确具有特殊性，但指导理念与高校人才培养工作是基本一致的，创新创业教育必须融入高校人才培养模式。

高校创新创业教育绝不是教育所有大学生都去创业，都去创办、管理、经营一家公司，这是不现实的。创新创业教育真正的目的是培养大学生的综合能力，最终使学生能够选择未来的工作岗位。所以，基于以上观点，互联网背景下高校大学生创新创业教育可分为3个目标层次。

第一个分层目标是要培养具备良好创业素质的社会公民，这是最基本也是最主要的目标，具有非常强的普适性。这一目标要求将创业精神和教育理念渗入学校的专业教育和创业教育，贯穿于高校人才培养体系的全过程，使大学生能够适应未来社会的需要。

第二个分层目标是使大学生从"寻找工作岗位"转变为"岗位的创造者"。但这一层的创新创业教育目标主要针对部分有创业潜质的大学生，若想实现第二层目标，大学生必须具备专业的知识理论、创业技能以及健康的心理。大学生在激烈的就业竞争压力下，能够自主创业并在一定条件下创建自己的事业，从而为他人提供工作岗位，缓解社会的就业压力。

第三个分层目标是使大学生成为成功的创业家。这一目标以少数准备创业的高校大学生为对象，他们具有敏锐的思维、清晰的思辨能力、坚持不懈的品质以及优秀的组织协调能力。在创新创业教育中，高校应该发掘学生身上的潜质，对这部分学生进行专门的培养，使其积极参与创业实践项目，最终成为具有社会责任感的优秀企业家。

2. 师资队伍的建设

创新创业教育是一个系统工程，要想成功开展创新创业教育就必须有雄厚的师资力量。师资是高校创新创业教育的重要力量。建立健全创新创业教育教师的选拔制度，可聘请优秀创业者作为兼职教师，定期为大学生进行创业教育培训，加强创新创业教育师资队伍建设。从调查结果能够发现，高校开展创新创业教育的教师专业理论性不强，实践能力较弱，所以高校必须建立一支具备专业理论知识、创业经验或接受过专业培训的专兼职创新创业教师队伍。

3. 课程体系的建设

互联网背景下高校创新创业教育课程体系分为学科课程与实践课程。学科课程以科学文化知识为基础，将高校创新创业教育目标融入专业学科，使学生具备专业的创业理论知识。学科课程分为必修课和选修课两部分。

必修课以培养具有良好的创业意识、专业的创业知识、健康的创业心理的高素质的大学生为目的。必修课要求高校全体学生必须学习，教学模式主要是课堂教学。必修课主要由以下课程组成。

第一，创业基础类课程。创业基础类课程是除专业知识以及公共基础课程之外，学习创业所需的基础理论知识课程。高校应根据不同专业的专业特性，在教学内容中融入创业基础类课程，如与经济管理类、财务管理、法律法规、计算机等相关的课程。

第二，创业心理培养课程。创业心理培养课程是培养大学生创业所需的积极健康的心理素质。积极健康的心理素质包括坚持目标不懈奋斗、吃苦耐劳的精神、团结协作的精神、对事情认真的态度、平和沉稳的心态、能够做好随时随地迎接困难的准备等特质，这些都是创业者所必备的素质。除了这些创业特质，大学生还应该热爱祖国、热爱家庭、热爱学习、热爱生活、热爱自己的事业，对家庭、对朋友、对自己具有强烈的责任感。针对一些性格相对内向的大学生，应帮助他们克服障碍。培养健康积极的心理是大学生创业成功的重要因素。

第三，创业者素质类课程。创业者素质类课程是通过课程教学培养大学生创业应具备的各种素质。与创业心理不同的是，创业素质是大学生通过后天的训练培养的。

第四，创业意识培养课程。创业意识是大学生创业、实现个人发展的基础条件。创业意识培养课程从大学生的思想与认识入手，包括培养敏锐的商机观察能力、风险预估与控制能力。创业意识培养课程应重视培养大学生的创业精神、创业兴趣、创业需求以及个人的就业观。所以，高校应从大一开始开设意识类课程，引导大学生真正了解创业的内涵。当大学生的创业意识形成后，可以根据大学生的个人就业观与创业需求进行职业选择，仍具有浓厚的创业兴趣的大学生可以继续选择具有深度的创业课程进行学习与研究。总之，创业意识培养课程能够培养大学生的创业精神、社会责任感与集体荣誉感，使大学生对创业有正确的认识。

选修课的教学对象是有创业意向的大学生，是为大学生对创业知识的进一步学习所开设的。选修课是必修课的延伸，是在必修课的基础上更为深入的创业教育课程。选修课注重培养的是大学生分析和处理问题的能力。选修课专业性较强，大学生可以根据自己的兴趣与薄弱点选择需要进一步学习的课程。这也就要求高校尽可能设置多门创业课程，满足不同大学生的需求。在互联网背景下，选修课程可由线下课程和线上课程两部分结合而成，甚至应该以线上课程为主。选修课面对的是有创业意向的大学生，而不是所有大学生。对于有创业意向的大学生，高校更应该为他们提供充足的教学资源，只开设线下课堂教学是不够的，应该为他们开设更多的课程。所以，线上课程更适合开展选修课，选修课具体包括以下课程。

第一，创业技能课程。创业技能课程是指大学生创业所需的实用技能技巧课程，目的是解决创业过程中生产、经营等实际问题。创业技能课程应针对不同专业开设不同的选修课，让大学生自主选择需要学习的课程。

第二，创业指导课程。这类课程可以提高大学生的综合素质，也可以将创业指导融入就业指导的课程。创业指导课程可选择在线课程，开设有关创业指导的网课内容，指导大学生创业。创业指导课程应与就业指导课程共同贯穿大学生学习的全过程。

创新创业教育不同于专业教育，具有实践性强的特点。实践课程是通过大学生亲身参与创业从而提升能力的教学活动。实践课程是创新创业教育模式中重要的方式之一，具体包括以下两个方面。

第一，模拟实践。模拟实践是指大学生利用互联网的模拟技术，通过虚拟创建公司感受公司日常运营、项目开展的全部流程。大学生在实践中要模拟项目确定、筹集资金、组建团队、公司日常运营、开拓市场、组织协调等各环节，从而体会创业的全过程。

第二，创业实践。创业实践是利用实验室、孵化基地等开展的教学活动，可以增强大学生的创业实践能力。创业实践是学生理论结合实践的重要方式，通过孵化基地为大学生提供创业实践的平台，为他们提供实际的帮助。创业实践通过校企合作，让大学生参与企业运营，体验和感受创业的真实过程。

3.课堂教学的建设

如今互联网全面普及，高校的创新创业教育也要相应改变，高校要不断完善创业教学管理体制。高校创新创业教育的教学应以学生为主体，在教学过程中不断发挥学生的主体性与创造性。所以，高校创新创业教育的教学过程应更加重视教师与学生互动的过程。教师不应该一味地灌输理论知识，而是应该发掘学生的潜能，给予学生一定的自由，让学生成为课堂的主人，充分发挥学生的积极性与创造性。学生不应该被动地机械化学习，要学会主动学习，最后实现创新学习。

在考核方式上，要大力推进多元化考核标准。如今，互联网全面普及，创新创业教育模式中的创业课程包括线上和线下两种，所以不能再用单一的考试成绩对大学生的创新创业教育进行考核。必修课课堂学习的考核成绩，在线课程选修课的学习情况，以及大学生参与创业实践和模拟实践的完成度等，都是高校对大学生创新创业教育应考核的方面。单一将考试成绩作为考核方式违背了教育目标的多元化特征，不符合互联网时代大学生创新创业教育的要求，不利于教育的更好开展，更不符合当今社会发展的需要。

4.创新创业教育环境的建设

高校应为学生创建完善的创新创业教育环境，以推进创新创业教育的实施。对于创新创业教育的校内环境，高校可组织学生开展一系列创业活动，除创业大赛外，还可开展网络模拟创业大赛、网络评比等活动，让更多学生参与其中。高校还可以为学生提供除课程之外的关于创业的信息咨询，建立科学的创业教育管理平台，将创业工作纳入学习的重要议事日程，管理创业工作。例如，明确创业教育实施途径，组织创业活动，监督教学活动的开展，协调创业教育中的各个环节，组织协调各部门，实现创新创业教育成果的最大化。

对于创新创业教育的外部环境，高校可以与企业达成合作，组织学生到合作企业进行参观，让学生更加深入地了解企业的日常运营；还可以组织学生去企业实习，以了解企业。优化创新创业教育的外部环境是实施高校创新创业教育模式的重要举措。

大学生的创业思维需要和谐的环境来激活，所以高校应形成一种积极向上的、具有创新性的、和谐的校园氛围。校内文化环境是保障高校创新创业教育实施的关键条件。

5."四要素"协同合作

"四要素"分别为高校、孵化基地、企业以及政府。这"四要素"分别作用于大学生这个主体。高校为大学生提供创业知识与创业技能，从而培养人才；孵化基地为大学生创新创业教育提供创业培训，并提供实践场地；企业为大学生提供创业培训，在线上教学中，还可以聘请创业成功的企业家进行授课，与学生们交流自己的创业经验；政府则对高校开展创新创业教育提供政策支持和资金供给。"四要素"的推进，将有力带动高校、孵化基地、企业以及政府这四者之间相互促进，有机结合，从而促进高校大学生创新创业教育新模式的实施。

（四）推行互联网背景下创新创业教育模式的保障措施

1.改善高校创新创业教育的宏观环境

"双创"环境下，政府、社会以及高校都更加鼓励大学生创业。政府出台的鼓励大学生创新创业的政策性文件越来越多，这些文件是对大学生创新创业教育未来的指向。制度环境是所有环节正常实施的保障，高校应制定关于大学生创新创业的政策和制度，鼓励和激发大学生的创业。相关制度的完善是推进互联网背景下创新创业教育模式实施的重要保障。

2.学校领导高度重视

高校成立了大学生创业指导中心、创业教育管理等相关部门。但总体而言，没有明确的管理等级，缺少层级明确的管理体系，不利于创新创业教育的推进。

高校领导要高度重视创新创业教育工作，坚持顶层设计。高校应成立创新创业教育管理委员会，由书记或校长任组长；主管教学、财务、科研的副校长或副书记为副组长、副主任；成员则由科研处、教务处、学工部、团委、人事处、财务处、机房等相关部门共同组成。高校要形成学校主要领导牵头，制定总体规划；分管领导负责具体工作；创新创业教育教师、相关管理人员和所有大学生积极参与的创新创业教育机制。其目的是引导正确的教育工作方向，监督创新创业教育工作的具体实施，形成自上而下的创新创业教育工作管理层级，保障创新创业教育工作的开展。

3．加大经费投入，为高校创新创业教育提供基础性保障

加大经费投入是高校创新创业教育的基础性保障。经费投入包括政府拨款、社会企业提供经费支持、个人资金以及高校设置的专项经费等，这些都是对高校开展创新创业教育工作的保障。高校会支持部分有创业潜质并付诸实际行动的大学生，对他们进行深入的创新创业教育培训，提供部分资金支持，帮助他们创业。高校设置的创业专项基金能够保障大学生实践活动的顺利开展，其中包括大学生创业项目的市场调查、创业培训、项目开展等。

为推进创新创业教学活动顺利实施，高校应设置创业基金管理机构来监督创业经费的合理使用。虽然高校会为部分有创业潜质的大学生提供资金支持，但为避免创业资金的浪费，就要依赖创业基金管理机构的帮助，机构会指导大学生合理使用创业资金，避免不必要的问题的产生。此外，机构还可向企业、社会等推广大学生自主创业项目，提高大学生自主创业项目的影响力，从而推进大学生创新创业的发展。

4．充分借助社会资源

政府、社会应该充分利用各界资源，为高校创新创业教育提供相关服务，如可以成立校企合作平台。高校创新创业教育的实践活动除孵化基地外，还可以向企业进行人才输送，构建由企业带头、社会各界组织广泛参与的大学生创业社会实践平台，为大学生提供更多的实习机会。

另外，在构建社会实践平台的基础上，高校还应该与以劳动和社会保障部门为主的社会相关部门进行合作，构建大学生创业服务体系。服务体系主要针对有创业需求和疑惑的大学生，为他们提供与创业相关的信息咨询服务，使大学生在创新创业过程中少走弯路。高校构建各种平台和体系都是为了保障高校创新创业教育的顺利实施，促进大学生创业，促进社会经济更快发展。

第五章
创新创业教育的机制及保障

第一节　创新创业教育的内在契合机制

一、创新教育与创业教育的契合条件

创新教育是创业教育的基础。创业教育把培养学生对待陌生事物的应变能力和创新能力作为出发点，致力于培养学生的高创新意识和思维结构，将学生培养成有创新思维和深度思考能力的人。在培养意识的同时，也要传授给学生知识技能。教育的意义在于教书育人，要向学生传授有实践性的知识技能，提早锻炼学生的就业意识和创业心理，让学生在真正进入社会的时候不至于措手不及。通过创业来提高学生的就业成功率，可以极大地转变学生的就业观，帮助社会维持稳定运行的状态。创新教育的侧重点是对人的总体发展进行把控，更加倾向于对思维的培养；而创业教育则更加侧重于对人的自我价值的实现。

创新教育和创业教育两者有着相同之处和不同之处，是两个辩证统一的教育理念。两者的目标有着一定的趋同性，目的都是培养学生的创新精神和实践技能，总的来说都是为了新时代的需要和社会发展做出努力，是推动新时代发展和教育改革的关键内容。创新创业教育是一个统一完整的教育体系，为了促进创新教育和创业教育的联合统一，需要做出一些努力。

（一）明确定位创新创业教育学科

想要对一个项目进行评估，首先要对其进行定位，有了一个准确的定位，才能

对其进行衡量。创新创业教育是大学教育的一项重要内容，在学科教育中占据着十分重要的地位。但是，在现有的教育中，许多高校并没有把企业管理、技术和经济科技等创新创业教育纳入教育范围，并没有将这一项教育工作重视起来，这就造成了一些教育环节缺失的后果。创新创业教育的发展遇到了瓶颈，若不好好解决就容易越来越被边缘化。

大学生在创新创业教育中表现出来的"学生老板"情况很普遍。一个个"学生老板"是在大学生创业教育活动开展过程中逐渐形成的，这是一种不符合可持续发展的现象，无法满足经济发展中的供求关系。美国有教授曾经指出，高校的创业教育与生活上单纯为了经济问题的就业培训不同，不应该是让他们快速当老板，而是要着眼于"人才的可持续发展"。

在大多数人看来，创新创业教育关键在于技术创新的教育。在自主创新的热潮推动下，我国许多高等院校已经开始重视新型高技术人才的培养和教育。在对大学生进行创业教育的同时，势必会联想到技术创新和高新技术的问题，但社会创新方面往往被忽视。科教兴国战略需要技术创新的推动，高校大学生在把握市场动向时，不仅需要掌握技术创新，还要及时更新理念，创新思想，顺应时代潮流。

（二）认同创新创业教育

1. 扩大创新创业教育覆盖面

从目前的形势来看，已经有一部分学生在高校组织的创新创业教育活动中取得了一些收获，但仍有大部分学生并未在这一类活动中收获经验，这也就难以形成创新创业教育的热潮。在高校组织的创业教育活动中，学生们的创业成绩是学校所关注的重点。但这些活动并非高校中的所有学生都参与进来，只是少数人的活动，如若没有掌控好竞赛的程度，就会产生两极分化的现象：参与的学生提高了自己的技术能力，而不参与的学生成了事件的旁观者，应提高后者参与度。

2. 强化对创新创业教育的认识

大学生作为社会创新创业中的主力军，相比社会中的其他人员拥有更多的专业知识，但在创业过程中往往会出现创新创业经验不足的情况，并且由于大学生刚刚步入社会，人际关系协调能力较弱，抗压能力也不强，容易在心理上受到严重的打击和伤害。所以，高校对学生的创新创业教育更多的是应该面向全体学生的，而不应该只让小部分学生参与。

二、创新教育与创业教育的内在契合路径

想要改善高校教育现阶段的困境，需要制定合适的路径和目标。要首先确定发展的目标，再寻找与之相适合的路径，其目的是提高学生的创新能力和综合素质。要想形成行之有效的创新创业教育路径，需要学校、各级政府、大学生自身三方面完美地结合，形成一股合力。只有这三方面有机结合，互相沟通、协调，形成合作力量，才能更好地达成目标。当然高校的创新创业教育不是让每个学生都去创业，而是因材施教，鼓励那些有创新创业精神的大学生敢于尝试、勇于尝试，积极投身于创业中。同时，培养大学生具备创新精神对他们以后的人生道路也是有益处的，即使不去创业，而是去就业，具有这种素质的人也会在其工作岗位上很快崭露头角，成为主力。现在的大学生就是祖国未来的希望，因此，培养具有创新创业意识的大学生对我国社会与经济的发展具有重要意义。

高校和各级政府要制定全方位的战略目标，改变高校培养就业型人才的惯性，转而培养具有创新精神的新型人才。教育是需要同时代结合的，高校管理层必须率先转变思路；高校教师也需要树立创新观念，转变固有的教学模式和内容；政府和社会要对创新创业教育进行支持，提供尽可能的保障。

（一）转变教育理念

1. 以培养全面发展的创新创业人才为目标

高校的人才培养呈典型的金字塔形状，其主要原因在于我国高校往往都热衷于培养高端人才，把大部分精力都用在培养金字塔尖的人才上。但从社会就业实际来看，一般企业所需人才往往都是以金字塔中底部的人才为主，所需岗位也都以一线工人居多，所以出现了就业岗位与实际培养的人才不匹配的现状。由于长久以来大多数高校都不注重对学生的开拓创新精神和为人处世方面的培养，更没有实训和操练，轻视创业型人才的培养，偏重研究型和被动就业型人才的培养，致使培养出来的大学生动手能力弱，缺乏创新精神，不愿冒风险，不敢去创业，缺乏斗志与奋斗精神，走上社会后为人处世的能力也不足，到用人单位也会形成一种比较尴尬的局面。

通常解决以上困境的方法就是让刚毕业的大学生先到基层岗位历练一段时间，锻炼一下意志力，经受一些磨炼，为以后走上更重要的工作岗位打好基础。而准备在毕业之后选择自主创业的学生，更需要在工作中从底层开始尝试，从最基础的工

作中汲取工作经验，增强自身在工作中的实践能力和动手能力。经过了一系列的实践、认识之后，大学生才能打好创新创业的基础，坚定自主创业的决心。大学生在创新创业的过程中，可以及时调整自己的心态，提高自己的心理承受能力，努力进行创新创业的各种尝试。在创业活动中，大学生还可以积累一定的经验，丰富自己的见识，拓宽自己的人脉，从而提高创业成功的概率。

一个优秀的具有创业精神的人才必须具备的条件，除了最基本的知识及技能外，还要有积极乐观、勇于向上的拼搏精神，自信的心态，顽强的意志，勇往直前的干劲，坚定的决心等。高校培养这种人才需要从3个方面着手：首先，要以人为本，强调人的主观能动性，深挖每个学生的潜能；其次，培养学生的综合能力，把每个学生都培养成复合型的、全面发展的社会新人；最后，以培养学生的开创能力为主导，培养学生的事业心、进取心，多鼓励那些有创新创业意识的学生并对他们的这种意识加以引导和扶持。

高校的培养目标要着眼于基层，以人才市场提供的大部分就业岗位为参考，多培养金字塔中底部的实用型人才，把他们打造成敬业爱岗、诚实守信、勇于创新、敢于开创并且专业理论知识学得好、外语流利、信息技术掌握熟练、在为人处世方面也具备相当经验的创新创业人才。新时期的大学就应该重视对学生基础知识的教育，拓宽口径，提高素质，善于创新，以培养能够自主创业、有个性有特色的人才为新的目标方向。

2.明确创新创业人才的知识结构与能力结构

创新创业人才具有独特的知识结构，综合性知识是其以后走上社会、发展社会关系、处理各种事情的需要，包括行政管理法规，国家制定的政策，工商管理、金融、税务、保险、人际关系及公共关系等方面的知识。与经营管理能力以及综合能力一样，创新创业知识是基础性的知识，而综合性知识和经营管理知识则是属于较高层面的知识，必须将这些知识理解透彻，熟练运用，才能在创业过程中将资源合理配置，运筹帷幄。而多层面的知识，必须综合使用，才能发挥出最大作用。

创新创业人才必须具备专业能力、职业能力、经营管理能力和综合能力。专业知识能够帮助一个人在某一特定行业中提升职业技能，并且这种职业技能在就业工作过程中的作用是不可替代的，发挥着关键的作用。较强的就业能力可以提升个人在创业活动中的自我存在和自我发展的能力，可以应对社会创业活动中存在的一些问题，与此同时还能为自己未来的发展提供一定的竞争筹码，赢得更多的创业和就业机会，从而缓解就业带来的巨大压力。大学生在创业的过程中，可以尽可能地将自己的职业发展方向与个人兴趣相结合，充分发挥自己的优势，这样才有更大的动力达到自己所设定的目标，从而最大限度地实现自己的价值。

3. 改革高校封闭式人才培养模式

高校封闭式人才培养管理模式的缺点比较明显，即缺少与外界交流，缺乏对行业企业的深入了解，不了解用人单位到底需要怎样的人才以及学生职业知识技能的实际需要，通常按固有的模式盲目地进行专业课程的设计，在教学模式上，还是采用传统的老师在上面教、学生在下面学的"填鸭式"教学。这种培养人才模式和社会对拥有创新创业意识的新型人才的需求大相径庭，和新形势下新的办学模式也不相符。高校要实行"开放式"教学模式，改变以前的封闭状态。

所谓的"开放式"教学，就是让高校打开校门办学。首先，学校应坚持对外开放，与其他同行和社会各界加强沟通交流和合作，吸收众家之长，形成一种综合教育的合力，为培养新时代的创新创业型人才服务；其次，高校自身内部各院系之间、教职工之间、师生之间，也要加强沟通与交流合作，实现高校内部的开放。

各高校要构建以学生为主体的教学模式，改变教师讲课、学生听课的传统模式，只有让学生参与到课堂中来，参与度足够高，才能够让其有体验感和参与感，才能够调动学生的创新意识和创业能力。

（二）利用校内多元渠道

构建以创新创业为核心的课程体系，目的是培养更多具有创新意识，能够自己创业，能够独立参与工作生活，以及能够将社交、管理处理得游刃有余的专业性人才。为了达到创新创业教育有更多发展机会的目的，就要从更多角度更加客观地去认识创新创业教育的意义，进而发挥其对社会的推动作用。对创新创业教育的构建必须符合社会需求，符合国家教育国情才能够稳固。

创新创业教育有着4个核心内容：一是创业理论。在有着充足的理论基础的前提下再开展创业活动，能够提高成功的概率。要对整个创业活动进行研究和分析，通过学习把握创业过程中的规律。二是创新意识。有创新意识才能创业，创新贯穿了整个创业过程的始终，也是创业的核心之处。三是创业精神。在创业过程中，困难和挫折是不可避免的，这就要求创业者要有坚定的信念和精神。只有拥有强大的心理素质，才能成功创业。四是创业技能。创业者在创业过程中要具备一定的实践能力，否则将会是纸上谈兵，无法成功。以上四点构成了创新创业教育的基本框架，而且这四个要素相互联系，缺一不可。对于有创业想法的人而言，如果能够接受相应的创新创业教育，就可以避免一些不必要的失败，充分调动创业技巧，能够更加快速地踏上成功之路。对于创新创业教育课程的改革，必须遵循理论同实践相结合的原则，要注重将各学科充分融合运用。从目前创新教育发展状况来看，创新教育已经在高校中获得了一定的关注度。这种创新教育不是狭义的"小发明、小创造教育"，而是开发和保护学生的好奇心与创造意识，培养学生的创新精神和科学精神，可以为以后实现世界观、人生观、价值观奠定基础。

大学生的可塑性强，如果能够锻造创新思维，那么整个国家青年的平均素质都会得到有效提升。没有创新思维的教育，增强创新意识又从何谈起？

1. 加强产学研三方合作教育

创新创业课程是一项社会实践课程，其性质就决定了这门课程的发展需要依靠一些外界的社会力量，仅仅通过高校自身的封闭教育是行不通的。同社会上的优秀企业和事业单位进行合作，构建创新创业平台，这一实践方法的成效已经从国外的高校实践中有所体现。实现创新创业教育，要集生产、学习、科研于一体，不是简单地对学生进行知识的灌输，要给学生的实践提供机会和场所。高校将生产、学习、科研纳入课程范围，是未来的教育走向，是社会对于创新创业教育的需求，是创新创业教育改革的一大关键要素。具有独立创新的意识，是国家屹立于世界民族之林的重要原因，如果缺乏创新性，不管是团体还是国家都会停滞不前。大学生作为社会中最具有活力的群体，如果其本身缺乏创造欲望，那对国家来讲是极大的、不可挽回的损失。因此，要提高学生的创新创业精神和创业能力，为国家的创新发展提供不竭的支持和动力。

在进行实践活动的同时，高校应当多邀请创业成功的企业家，或是学生的学长、前辈到高校给学生演讲，传授经验。也可聘请成功人士为校内教授，这样有助于学生和其进行更有效的沟通，使其能够更加及时和准确地为学生提供创业信息和学习指导。可以将创业成功者所熟悉的领域作为开发创新点，交给学生进行开发，这样既可以调动学生的积极性，也可以提升企业的创新活力，学生也可以通过这种方法获取一定的利益，一举多得。这一活动既密切了学生和企业家之间的关系，也为步入社会的学生提供了一定的财富。

2. 深化创新创业教育教学改革

创新创业教育的改革除了体现在内容上，还体现在形式上。创新创业教育同传统的就业教育有所不同，所以高校在借鉴学习国外高校的创新创业教育经验的同时，也要对学科进行创新。对创新创业教育的改革要进一步深化，要建立一个适合中国国情的创新创业教育。在开展教学实践的同时，不仅仅要建设行业和专业的课程，还要丰富创新创业教育的知识结构，拓展学生的知识面，让学生有自己的学习方法和知识框架，使学生可以根据自身的学习情况，选择自己所需要的知识和课程。在打牢基础的前提下，也要借鉴和吸收国外高校的成功经验，让学生在创新创业教育中能够学习到一些真正有益的知识和内容。

除了课堂上的知识教育外，还需要进行课外实践活动，通过具体的创业案例来进行实践教学。可以定期举行就业创业大赛，或是邀请相关的专家开展访谈交流，通过比赛激发学生的创业热情，增进学生间的交流，为学校的教育注入色彩。同时可以增加学生同专家面对面交流的机会，比如开展对话交流论坛、讲座等。

除此之外，学校还可以举办多种多样的创业实践活动。比如把学校刊物的编辑工作交给学生来完成，让学生发挥自己的创意；将校内的大型活动交给学生设计与组织；开设学生社团，让学生提早适应组织机构，由学生自己对社团进行管理和组织，开展法律实践和金融实践的模拟，对科研进行探讨和交流等，让不同院系、不同专业的学生都参与到项目中，为学生未来进入社会创业实践积累更多的经验。高校要引导学生积极参与到策划中来，开发学生独立思考的能力和创新意识。

3.搭建创新创业实践平台

创新创业教育在某种程度上来说是对全面发展型人才的进一步提高和促进，是对培养此类人才思路的进一步拓展和延伸。创新创业教育是一种用于实践的教育，所以单单靠在课堂上对学生进行理论知识传授和邀请成功企业家入校对学生进行演讲教育是完全不够的，这些方法与手段并不能够完全激发学生的创新创业意识。从某种意义上讲，创新创业教育更重要的是让学生在实践当中有所体会、有所感悟，能够获得真正的行动与知识的体验。针对这一实际，学校在对学生进行创新创业教育的时候，应当注重尽可能多地给学生提供创业实践的支持，要充分发挥学校的知识和管理服务功能。要增强校企合作，给学生提供更多的实习与实践锻炼机会，可以同一些企业进行深度合作，同事业单位进行广泛合作，多多鼓励学生组建自己的创业团队，为学生创业提供一个更好的环境。同时，学校可以多组织创业竞赛活动，让更多的学生有更多的机会参与进来，从而可以增强学生的就业创业参与意

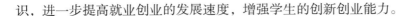

识，进一步提高就业创业的发展速度，增强学生的创新创业能力。

（三）优化校外环境

如果只通过高校本身来贯彻落实创新创业教育是完全不够的，校外环境以及社会支持同样是必不可少的。尤其是政府部门应当充分发挥领导作用，全面配合落实创新创业教育政策。对于学校而言，校方应当在政府部门帮助下合理运用市场机制。总体来说，政府与高校二者密切相关、相辅相成、相互促进，因此政府在落实高校创新创业教育相关政策时应当从以下几个方面入手。

1．落实与完善国家创新创业的政策

随着时代的发展与技术的不断进步，各个地方的政府部门都出台了有关创新创业的政策并给予了相应的指导，更多的鼓励优惠政策也在不断推出。各级地方政府需要加强所提供服务工作的针对性，以切实提升大学生的创新创业能力，服务地方经济社会发展，主要包括以下3个方面。

（1）应当让更多大学生去了解出台的各种创新创业政策，通过免费咨询等方式为大学生答疑解惑。针对有想法的大学生，应当予以充足的肯定并为之提供创业帮助，如减免税收、无息贷款等。为了能够让更多大学生了解创新创业，还需要将整合好的内容装订成册，向大学生发放。

（2）仅让大学生了解政策还远远不够，更重要的是教会他们如何利用相关政策。针对此问题，最好的解决办法就是举办宣讲会，主要围绕创业分析展开论述，为大学生提供更多的思路并使他们深入了解相关政策。

（3）要为大学生争取更多有关就业的优惠政策。政府与教育部门应当对大学生的就业问题进行干预，采取一定的方式方法来培养大学生的创新创业能力。除此之外，政府部门还需要不断优化市场竞争模式，力争为大学生打造良好的就业环境，同时也应当自我规范、自我约束，拒绝一切破坏社会良好创业氛围的行为。

2．建立政府与社会多元化的融资渠道

应该为大学生的创新创业设立相应的基金。现如今常见的3种融资渠道有社会募集、贷款、政府扶持。通过多年的不断摸索与经验积累，在筹集资金方面，有以下几种有效途径。

（1）通过担保的方式来获取贴息贷款的资格，担保人一般为学校、企业或政

府。对于大学生在创业初期资金不足的问题，申请贴息贷款可以减息让利，因此负担较轻，是大学生不错的选择。

（2）采用信用担保贷款。获得信用担保贷款的大学生一般在校表现优异。由于校方与企业具有合作关系，高校可以直接将品学兼优的大学生推荐给企业，同时学校的评选结果也可以作为大学生信用良好的有力凭证，帮助其向银行提出信用担保贷款的申请。

（3）建设高新创新创业园区。主要是面向有理想、想创业的大学生，为他们提供相对优越的创业环境，同时，通常还专门在园区内设有创新创业孵化器。甚至有的地方政策支持学生向政府提出园区转换申请，将高新技术开发区转变为适合大学生创业的创业园区，政府应适当降低门槛并且尽可能不收取额外费用。在资金问题上，政府部门应当予以更多帮助，如减免税收、免费办理相关手续等，充分肯定并鼓励大学生开展创新创业活动。

3. 给予高校更多的办学自主权

给予高校更多的办学自主权，才能使高校能够按照国家法律规定，合理合法地对学校教育与发展实施自主管理。这实际上对于政府部门自身的治理能力提升也十分有利，其可以在法律规定的范围内监督与管理高校的活动，而不是简单地用行政手段干涉高校发展。不难看出，尽管高校发展具备高度的自主权，但与政府部门的职能还是密不可分的。高校若想真正实现办学自主权，具体来说就是招生办法权、费用制定权以及学校开设专业的自主权，实质上更多的需要从调整政府职能出发，实现高校依法办学。

4. 完善政府服务体系

为了更好地完善政府服务体系，各级政府应当从所涉及的各个环节入手。下面从6个方面展开论述。

（1）向广大社会发布创业信息。发布创业信息的渠道众多，可以借助报纸、网络、媒体报道等，为大学生提供最新的创业信息与发展趋势，政府部门也可以为大学生提供免费的创业咨询服务。

（2）建立相关的创业项目负责机制。即由行政管理部门接手，主要针对教师进行专业化的指导培训，还需要跟进项目并予以一定的指导。

（3）创建"大学生创业超市"。所谓"大学生创业超市"只是形象的比喻，具体是指将有关创业的信息整合好，供大学生选择并使用，主要是提供资料，实现资源共享。

（4）成立专门针对大学生的法律援助中心。创业过程中实际上会涉及众多法律问题，因此为大学生提供法律援助不可或缺，尤其是提供免费的法律咨询至关重要。

（5）完善大学生创业者就业创业联合会议制度。创新创业联合会议作为研究、分析与指导大学生创业的重要会议，每年由政府组织召开，主要是为了解决大学生所遇到的创业难题。

（6）制定奖惩政策。政府部门拥有众多社会资源，应当合理运用手中的资源，为大学生谋求更多就业机会。

（四）提高大学生自身素质

创新创业能力的形成是相对漫长的过程，在这一过程中，需要不断地积累经验。对于高校而言，应当重视并加强对学生创意创业能力的培养。

1.对大学生进行心理障碍辅导

一些外在条件看似是阻碍大学生前进的主要因素，但实际上，有些学生遇到的都是心理问题，他们内心缺乏坚定的信念并且对创新有潜在的恐惧，具体来说是缺乏自信心，对自己缺乏信任。若想让这一问题得以解决，学校有必要将心理疏导带入课堂，着重培养学生的自信心与自我认同感。当然，教师只能起到疏导的作用，关键还在于大学生自身的调节能力，自身要转变心态，日常生活里与同学或老师及时沟通，逐步培养自己的自信心。

2.培养大学生自主学习能力

自主学习是与传统的被动接受学习相对的现代化学习方式，即学生通过独立分析、探索、实践以实现学习目标。自主学习能力主要有以下三大特点。

第一，自主性。自主性指的是个体生命不是在被强迫着去学习，而是知道学习的重要性，能够自觉且自愿地去学习。

第二，能动性。所谓能动性是指个体能够自主并富有创造性地开展学习，不仅仅是单纯地被输入知识，而是自身不断吸收与消化，将其转化成为潜在的能量。

第三，创造性。人之所以需要不断学习，就是为了能够学习新思维、新方法、新知识，顺应时代的发展，紧跟时代步伐，从而满足社会和个人发展需要，进而立足于社会。在知识不断更新的时代中，大学生必须掌握自主学习能力，在日常的学习与生活中，不断激发自身的创造力，真正做到热爱学习，热爱生活。通过不断学习，来掌握方方面面的知识，不断提升自我、完善自我并培养自身的创新意识。

3. 鼓励大学生积极参加校内创业活动

对于大学生而言，留给自己支配的时间很多，校园文化生活丰富多彩，因此应当积极参加校内创业活动。校内创业不仅为校园文化增添了亮丽的色彩，还为大学生提供了良好的平台，为他们增添了宝贵的财富。在创业过程中最核心的是创业精神，与同学、老师共同努力，不断突破与取得成绩的过程必然会令人难忘，在创业过程中所形成的锲而不舍、不畏艰难、敢闯敢拼的创业精神更会让大学生受益。积极参加校内创业活动，在锻炼自我的同时还能实现人生的价值，获得自我认同感，培养自身的创新创业意识，这种培养创新能力的"第二课堂"可以让大学生不断丰富与完善自我，不断获取快乐。除了基于"第一课堂"的理论学习，"第二课堂"为大学生提供了展示自我的平台，他们可以大胆提出想法并递交计划申请，出色的计划还可以用于参加创新创业比赛，可以为学校社团组织贡献自己的一份力量，体现自身的价值。

4. 鼓励大学生积极投身社会创业实践活动

实践是检验真理的唯一标准，对于大学生创新创业也一样，创新创业能力的培养离不开创业实践活动。只有积极投身于社会创业实践活动中，大学生才能更好地了解并认识社会，进而更好地适应社会；只有走出校园，不断锻炼自我，大学生才能通过创新实践来不断提升自身的创新创业能力。创业并不能只停留于创意，更重要的是实践。大学生应学会合理规划时间，充分利用课外时间进行创业实践，既可以通过市场调研、创业分析、社会需求调查等方式展开，也可以去相关的创业部门工作，深入了解创新创业的来龙去脉，在体验生活的同时还能增长见识。高校在培养学生创新创业能力时，应当引导并鼓励学生积极参加创业实践活动，让更多大学生接触创业，在实践的过程中不断进步与发展。只有学以致用，理论联系实践，才能够紧跟时代步伐，适应社会的发展。

第二节　创新创业教育协同机制的构建

20世纪70年代，联邦德国著名物理学家赫尔曼·哈肯创立"协同理论"，他认为系统内部要素与系统间的相互作用在一定条件下可以产生协同作用，产生一种自我组织能力。这种能力可以使得系统的结构变得井然有序，进而让整个系统产生新的价值。而"机制"一词来源于希腊文，其内涵是指事物内在的规律与原理自发地对事物产生作用，其具有自发性、系统性及长效性等特征。在社会科学的领域中，"机制"是指在正视事物各部分存在的前提下，协调事物间的关系以更好地发挥作用的运行方式。后来，"机制"一词被广泛地应用于竞争、合作及创新等活动中。将"机制"的本义引入社会教育领域，便会出现"教育机制"。因此，教育机制可以指代教育现象中的各部分之间相互的关系及运行方式。按照不同的标准，可以将教育机制划分为多种类型。而创新创业教育机制则可被理解为各种创新创业教育现象间的相互关系及运行方式。

一、构建原则及思路

经济发展、社会进步、综合国力增强、国民素质提升都必须依赖于教育系统所提供的不竭动力。高校要根据自身条件，整合所拥有的渠道和资源，结合不同理念，构建创新创业教育协同机制。

（一）创新创业教育与传统教育模式相融合

普通教育和职业教育是传统教育模式中最重要的两个部分。普通教育通常注重身体素质和心理素质的锻炼和培养，即德、智、体、美、劳全面发展。职业教育则是立足于前者，以所学专业为核心，加强对学生专业技能和素质的培养，以满足社会经济发展的要求。由于教育需求逐渐向多样化和专业化方向发展，普通教育和职业教育也随之细分，各有其不同的教育理念和模式，在教育体系中发挥着不同的功能和作用。在传统教育中，虽然会无意识地涉及关于创新创业教育的内容，并在一定程度上进行实践，但是传统教育中所涉及的创新创业教育处于不固定的状态。相较于传统的教育模式，创新创业教育增添了更加符合经济社会发展需求的内容，包括创业精神和创新能力。职业教育与传统教育的发展是相辅相成的。因此，在构建创新创业教育体系的过程中，高校要充分发挥普通教育和职业教育的基础性作用。普通教育可以提升学生基本的发现问题的能力、知识水平以及创新创业所需的开拓进取和敢于担当的品质；职业教育可以为创新创业教育提供相关的专业技能和规范。创新创业教育的实践过程是循序渐进的，有着不同于普通教育和职业教育的教学模式和体系，能够满足学生多样化的教育需求。高校作为实施教育的主体应整合不同资源和路径，以普通教育和职业教育为基础，扎实推进创新创业教育相关工作。

（二）创新性与实践性相融合

社会的发展、国家的繁荣、民族的进步离不开创新创业教育的发展。当今世界各国竞争激烈，谁的创新能力更强，谁就能在竞争中占领先机。所以敢于创新、积极进取的高素质人才就成为国家发展不可或缺的因素。以社会服务为导向的高校应在建立创新创业教育体系的过程中，强化社会服务的理念，注重创新创业教育实践。在此基础上，高校应以创新创业为核心，配合学校在教学、管理、科研等领域的改革，对教育方式、人才培养模式等进行革新。其中，教育理念、教学模式、学习方法是重要的创新内容。使学生能够在学习中获得开创性、多元化的思维能力，是创新创业教育的目的。想要实现这个目的，高校就需要整合多方面的渠道和资源，构建能够满足不同需求的创新创业教育体系。实践能力是除创新能力之外，学生又一不可或缺的能力。与传统教育模式相比，创新思维，创业的行动能力，开拓进取、勇于担当的品质是创新创业教育的核心内容。创新创业教育模式的探索是困难和艰巨的。因为创新创业教育是对普通教育和职业教育的进一步深化，所以实践能力就成为影响学生创新创业的关键因素。实践能力包括多方面的能力，高校可以通过教学活动和社会实践相结合的方式来培养学生的实践能力。

（三）一致性与差异性相融合

培育具有创新思维和实践能力的专业型人才一直是高等教育的主要目标。创新教育是在创业教育的实施过程中实现的，二者是紧密相连、不可分割的。所以，高校要将创新教育和创业教育结合起来，为学生构建创新创业教育协同机制，协同不同主体，重点培养学生的创新能力、创新思维、创新意识以及敢于开拓、主动承担的精神品质。这是高校创新创业教育的落脚点。不同高校受不同因素的影响，都会选择符合自身条件的发展方向，所以各高校在创新创业教育协同机制的构建上不尽相同。一方面，地理因素决定了社会环境，所以，处在不同地域的高校有着不同的社会资源。高校在构建创新创业教育协同机制的过程中可利用的社会环境资源存在差异，这直接影响高校对创新创业教育实践模式、教育方式的选择。另一方面，发展导向存在差异的高校在人才教育的目标定位上也是不同的。高校应充分了解不同专业的学生的需求，以专业类型为基础，针对性地设计个性化的教学内容和目标，照搬其他高校的创新创业教育模式是不可取的。

（四）主体性与互动性相融合

创新创业教育的目的是培养具有创新意识和创业精神的人才。所以教师在教学过程中要使学生的主体性与师生之间的互动性相融合。教师和学生在创新创业教育中发挥着重要作用。让学生获得知识和技能，并将其运用到实践中以满足社会多样化的需求是高校培育学生的根本目标。因此，教师在教学过程中要帮助学生制定符合自身条件的目标，注重培养学生的个人品质，让学生在学习过程中学到知识和技能的同时，又能感受到人文关怀。师生之间的互动在创新创业教育中发挥着重要作用。教师应摒弃单向的灌输式的教学模式，丰富教学内容，创新教学方式，在教学过程中重视与学生的沟通与互动，增进师生之间的了解；应及时掌握学生的反馈信息，通过多样的沟通渠道帮助学生提高发现问题、解决问题的能力，培养学生的创新意识和创业精神。

（五）创新创业教育协同机制的构建思路

创新创业教育协同机制的构建对高校来说是一项艰巨的任务，需要协调多方力量参与其中。与传统教学聚焦学科建设相比，创新创业教育在提高知识水平和技能的基础上，更强调学生与社会的匹配。所以，高校应整合多方资源，协调各方力量参与教学过程，构建创新创业教育协同机制，为学生提供细致全面的创新创业方面的指导。高校创新创业教育将创新作为最根本的教育理念，这是与传统教育思路和模式最大的不同之处。创新创业教育协同机制的构建要求高校根据社会和学生的需求制定新的培育标准和目标。高校应将创新意识和创业精神贯彻到教学活动中，并与学校的长期发展目标相结合。高校既要让学生学到基本的知识和技能，又要通过创新创业教育引导学生积累知识和创造财富，培养和提高学生发现问题、解决问题的能力，创新创业的思维和意识，以及敢于担当、勇于探索的个人品质，促进学生的全面发展。具体来说，高校可以建立合理的奖励制度。例如，针对学生的创新创业情况制定激励标准，对有创业意愿的学生提供知识、物质以及政策上的支持。如果学生创业顺利，学校应给予积极肯定；如果学生创业遇到挫折或失败，学校也不能置之不顾，应帮助学生发现问题并给予支持，通过合理的激励制度，帮助学生加深对创业精神的理解，使学生将创业作为步入社会的重要选择之一，让学生在知识储备、专业技能和心理素质上做好准备。

高校在创新创业教育协同机制的构建过程中，应将教育目标和理念作为出发点，把创新创业的思维方式渗透到教师队伍的建设和学生的培育中。通过对学生知识储备、专业技能、心理素质和个人品质等方面进行全面培养，将创新创业教育的理念和思维方式与人才培养机制结合起来，在学生学习的过程中培养其创新思维和创业精神。在具体课程内容的选择上，学校应将创新创业教育的理念融入其中，为学生创业提供扎实的专业技能和心理素质基础。除传统的理论知识教学之外，高校还应注重对学生实践能力的培养，丰富实践课程内容。高校在构建创新创业教育协同机制的过程中，还应注意将传统教育内容与前沿的教育理念结合起来。只有在传统教育的基础上吸收应用好新的教育理论，才能更加高效地构建创新创业教育体系，真正发挥创新创业教育的作用。

综上所述，高校在构建创新创业教育协同机制时应在发挥传统教育模式优势的基础上满足社会发展需求，重视教育的社会服务功能，协调和调动多元主体参与到创新创业教育中来，以学校为主体，整合多方资源，构建完善的创新创业教育协同机制。

二、校企协同育人

（一）校企协同育人的目标

满足区域和不同行业发展需求、培育符合社会要求的专业型人才，适应高等教育改革和发展的要求，把学生作为教育的核心，培养其专业技能；高校与企业建立多样的合作关系，将学校的教学资源和企业的社会资源结合起来，推动校企的协同发展，是校企协同育人的基本目标。

高校身处教育改革的一线，应提高为经济发展服务和满足社会发展需求的能力。对此，高校应充分整合资源和渠道，以区域经济为基础，构建完善的校企协同机制。处在市场竞争环境中的企业对人才的需求是多样的。因此，高校要重视对学生创新创业教育的投入，为学生提供社会服务的平台，帮助学生更好地与社会需求相匹配，既要充分发挥人才对社会经济发展的推动作用，又要提高学校创新创业教育平台建设水平，以促进学校综合实力的提升。

高校和企业作为校企创新创业协同育人的主体，都应参与人才培育目标的制定。企业想要获得符合自身长期发展需求的人才，需要将企业的长远发展目标与人才培育结合起来，对人才进行精准定位和培养。随着国际竞争日趋激烈，创新越来越成为提高综合国力的关键因素，国家和社会的发展对具备创新素质的人才需求也在不断增长。高校是培育人才的重要主体，以研究为导向的高校应承担起培养创新型人才的责任，应和企业共同构建创新创业人才培养平台。与以研究为导向的高校不同的是，以教学为主的高校的主要任务是培育本科生，培养出的人才类型主要为重视实践的应用型人才。所以，以教学为主的高校应与企业协作制定符合社会经济和企业发展需求、能够提高学生实践能力的人才培养机制。兼具研究功能和教学功能的是以教学研究为导向的高校，其培育对象主要为本科人才。由于自身的定位，以教学研究为导向的高校更注重培养学生的综合能力。因此，具有良好学习能力、应用能力、实践能力和创新能力的人才是以教学研究为导向大学的培养目标。

（二）校企共建教学体系

培养目标的实现必须以完善的教学体系建设为基础。课程内容不能及时跟上社会经济发展的变化，在教学方式上缺乏与学生的沟通和互动，不能为学生提供充足的实践机会，不符合社会发展的实际要求等，都是传统教育中存在的问题。所以，学校和企业应在教学体系建设方面相互协作，共同制定符合学校和企业需求的教学体系。

1. 理论课程体系建设

在理论课程体系建设方面，专业基础课程和专业课程是国内高校专业课程最重要的两个部分。专业基础课程分为理论教学和理论实习、实践等教学环节，主要目的是使学生掌握基本知识，奠定基本理论基础，提高其基本知识储备和技能。达到专业培养要求的工程基础类课程、专业基础类课程和专业课程所占学分比例应各占到三分之一。工程基础类的课程与专业基础类的课程都应发挥数理学科和自然学科在提高学生应用能力方面的作用，这些都应在课程的制定过程中有所体现。专业课程设计则应该注重培养学生的实践能力。高校的课程设计不应仅局限于本校已有课程，还要为学生提供多领域、跨专业以及其他学校的选修课程。社会经济各领域联系日趋紧密，每一个领域和专业都不可能独立发展，都需要加强和其他领域的联系与交流，以此来推动自身领域的发展。国家之间的交流与合作也是同样的道理。国家的发展也越来越需要具备综合素质能力的人才。所以，选修课程设置应注重多元化。学生通过基础课程的学习达到课程要求后，学校应引导学生选修对自己专业有帮助的跨领域学科课程。这样做，学生既能通过理工学科的学习提高实践能力，又可以通过人文学科的学习培养逻辑思维的能力。多学科课程的学习有利于提高学生的综合能力，为培养创新思维奠定基础。具体来说，文科学生可选修符合自身发展需求的理工科课程，锻炼自身的实践能力。理工科学生可选修适当的文科课程，增加社会科学的知识储备。除此之外，学校还要引导学生选修其他学校的课程。这样做，不仅能拓宽学生获取知识的渠道，也能提高各学校教育资源利用效率。当今社会各行各业都在不断发展变化中，高校要围绕社会发展需求开设相关课程，也要随时根据行业变化更新课程内容，以符合社会的发展要求。当前大部分高校与企业的沟通仅仅局限于管理人员层面，使得校企协同育人的主要参与者缺乏深入交流与沟通，造成学校对企业的需求了解不足，在课程制定上容易与企业的发展产生偏差。因此，学校与企业的沟通层面下移，让双方能够清楚彼此的想法和需求，可以减少课程设置的误差。此外，学校要对所开课程的相关领域保持高度的关注，时刻掌握行业的变化动态，及时对课程方向进行调整，既让学生学到最前沿的行业知识，又积极满足随社会发展不断变化的需求。

2. 实践课程体系建设

为了提高学生的实践能力和创新能力，学校与企业应积极协作，在课程设置上为学生提供能够把学习到的理论知识转化为实践的平台。从企业的角度来讲，可以让学生参与到与企业发展相关的项目和课题研究之中，在学校教师和企业相关人员的指导下对项目或课题进行研究。在这个过程中，学生的专业技能能够快速提升。在与企业项目有关的课程设置上，学校应制定合理的学分标准，提高学生参与的积极性。此外，学校还要注重培养学生的实践能力，通过设置相关以社会服务为导向的课程，使学生所学专业与社会需求相匹配。

3. 开设第三学期

高校可以通过设置第三学期课程的形式来指导学生实习，让学生有机会将学到的理论知识转化为实践。开设第三学期是国内高校在"3+1""3+2"教学模式的基础上开创的新的教学模式。当前国内只有少数民办高校开设了第三学期，而公办高校对"第三学期"的设置投入不足。"第三学期"的设置不能影响第一、第二学期的课程计划，它是指在前两个学期课程周数不受较大影响的基础上，将第一、第二学期的部分课时整合为第三学期。第三学期的课程有别于第一、第二学期，课程内容包括课程设计、综合实验以及专业实习等实践内容。学生通过第三学期的学习，能够将前两个学期所学理论转化为实践，并在实践中总结之前学习过程中存在的问题，并在接下来的学习过程中积极解决，发挥第三学期的过渡作用。经济社会发展需求变化较快，因此第三学期的课程也要不断更新，更需要高校建立与第一、第二学期的教学相关的联动机制。规范的课程设置和充足的资金支持是第三学期正常开展的重要条件。在开设第三学期的过程中，首先，指导教师在第三学期的教学过程中发挥着重要作用，再加上教师的教学时间和教学难度也有所增加，所以高校应合理提升教师的收入水平。其次，实践课程是第三学期的主要内容，学校的设备损耗有所增加，为了确保课程任务的顺利进行，学校应加大对设备维护的投入力度。再次，对于和学生学习生活相关的图书馆、专业教室、宿舍、食堂工作时间，学校也要根据学生的课程活动进行合理规划。最后，学校对于学生在实习过程中的安全问题都要做好全面、细致的管理。不同于第一、第二学期的教学模式，学校需要科学制定第三学期的考评体系。每个学校都有各自不同的特点，因此第三学期的开设没有统一标准。学校应根据条件的不同制定符合自身发展的运行模式。

4. 实施"双师"教学模式

加强高校与企业之间的人员交流是增进双方了解、提高合作水平的重要途径。部分学校和企业建立了研究所，学校教师应在研究所的课题研究人员中占一定比例。另外，研究所聘任的专家要对学校和企业有足够的了解。校企应共同搭建教师、专家和企业人员之间的沟通交流平台，发挥各方长处，提高工作效率。教师在研究所中能够接触到社会经济发展的前沿问题，可以将最新的知识教授给学生，拓宽课堂内容的来源渠道，让学生将所学理论更好地与应用结合起来。学生在对前沿问题的了解和学习的过程中，锻炼了发现问题、解决问题的能力，最重要的是学生的创新意识极大增强。以大连理工大学为例，学校和企业通过协同育人机制建立了研究院。学校派出骨干教师参与到研究院的研究工作中，并实施"双师教学"模式。这些骨干教师会进驻企业一个半月对其进行考察调研。通过这个过程，高校能够及时掌握相关领域发展的变化动态，推动高校科研工作持续发展，也能帮助企业提高经济效益。高校可以在派出骨干教师进驻企业的同时，聘请专家进校教授相关课程，通过"双师教学"模式推动校企协同育人机制的建设。

（三）校企共同参与人才培养的过程

1. 订单式培养

订单式培养是指高校和企业签订用人合同，以高校教学资源和企业社会资源为基础，双方共同参与人才培养计划的制订以及落实的过程，使学生通过考核达到培养标准，而企业按照合同规定安排学生就业的协作办学模式。订单式培养的最大优点在于高校、学生、企业之间的关系是平等的，三方都能在人才培养的过程中发挥各自的主体作用。企业应把握好行业发展的方向，根据企业发展的需求制定培养标准和数量，以订单形式交由学校对学生进行培养管理。在培养人才的过程中，学校和企业应加强沟通，把握企业和社会发展的需要，协同制订培养方案和确立目标。企业将行业最新的动向传送给高校；高校则以校企协同制订的培养方案对学生进行定向培养；学生达到考核标准，毕业后由委培单位安排就业。"一班一单"和"一班多单"是订单式培养的两种形式。"一班一单"是指一个企业的职位需求都为同一个专业，而且企业对该职位的需求人数能够组建一个班级。而"一班多单"指的是企业缺少某一领域的专业人才，但是对该类人才的需求数量不足以组建一个班级；为了提高人才培养的效率，多个企业共同下订单，高校则将职能相近的岗位整合在一起，培养学生的职业岗位能力，即一个班级和专业与多个企业订单相对应。为了保证订单式人才培养的质量，学生可自愿报名，通过初审的学生可组建班级，并在企业的实训基地接受培训。通过严格规范的考核，学生可以提高专业技能，以满足企业的需求，使自身素质更好地与企业发展相匹配。学校和企业之间良好的互动交流是订单式人才培养顺利开展的重要条件。包括招生、专业设置、岗位要求、教学内容与企业生产经营相匹配等问题，都需要双方在确定订单前达成一致。企业应将长期发展规划和需求明确地向学校传达，避免培养过程出现偏差，提高培养效率，降低培养成本。

2. 校企教育资源共享

校企协同育人模式还处在不断发展之中。学校和企业应同心协力，探索共建校企之间的沟通交流机制，双方应整合、共享人才培养资源，提高人才培养的资源利用率。企业竞争力的增强与高校科研水平的提升以及创新创业机制的构建都有赖于校企协同及教育资源的共享。实习平台应由企业搭建，高校则应给予企业技术研发支持，以协同育人机制为基础为企业输送专业人才，形成合作共赢的良性互动机制。整合高校的教育资源和企业的社会资源，为学生的培养提供优质资源，不仅有利于创新创业教育协同机制的建设，也有利于为社会发展提供所需人才。企业的人才队伍建设能从校企教育资源共享中受益。学校和企业共同建立实验室是资源共享的另一种形式。实验及实习所需的设备由企业提供，学校则提供教学设施和师资力量。校企双方通过资源的整合与共享，提高资源利用效率。将人才的培养和员工的培训结合起来是协作共建实验室的特点，能够实现校企的优势互补、降低培训成本。实验室的建设要以教学内容和学生能力为基础，校企双方应共同建设能够满足多样化需求的实验室，包括基础实验平台、综合应用实验室以及创新研究实验室。基础实验室主要是为大一新生设立的，将课程教学与实验结合起来，培养学生的基础知识和实验技能。综合应用实验室则面向大学二年级以上的学生。教师可通过创新型和开放型创新实验内容提升学生对知识的实践应用能力。创新研究实验室则为理论知识掌握牢固、实践能力出众的学生提供了科研和创新实践的平台。创新研究实验室的实验设备科技水平较高，在企业项目的引导下，有利于学生创新意识的培养。

实验室及实践基地的硬件条件对学生的培训发挥着至关重要的作用，但是设备的维护与更新需要较大投入，仅仅依靠高校自身的力量难以满足教学发展的需求，最终导致人才培养达不到企业的要求。建立完善的实验、实践基地对于大多数高校来说还较为困难。实训设备若跟不上教学内容的变化，会造成学生的实践能力与企业的需求不相匹配。因此，借助企业力量有利于减轻高校负担。

总的来说，高校向企业提供技术服务和有偿服务，企业则给予高校实验设备资源，这对双方来说是互利共赢的。技术是企业发展的核心要素，高水平的员工培训既能够减少设备养护的成本，又能帮助企业提高生产效率，降低生产成本。所以，企业通过与高校合作，用实训设备置换技术支持和员工培训能够有效解决设备维护与员工培训等问题。

3. 学校冠名企业

除了与企业合作的模式外，高校还可以通过冠名企业的方式来培养人才。这样做有利于减少学生将理论知识转化为实践过程中的约束，提高学生的实践能力和创新能力。在挑选冠名企业的过程中，高校应注意企业的生产经营活动是否与学校的专业方向相符，企业的技术是否成熟，因为这些都会影响冠名后人才培养的成效。在冠名企业后，高校应给予企业技术研发和资金支持，使其成为学校发展的一部分。准确合理定位冠名企业的地位是发挥校企协作、建立教学基地最大效用的前提。合作机构的确定也是高校冠名企业发挥作用的重要条件。企业、行业协会、劳动局、教育局、高校等应选派代表组成培训委员会。此外，校企应共同制定合理的教学标准，在实训基地设置教学经理岗位，使理论教师和实训教师的配备与学生、实验设备的数量相匹配。理论教师和实训教师应注重沟通协作，加强双师型教师队伍的建设。若学生人数充足，则需设置教学经理助手岗位。通过精细化的管理模式，高校要积极推动校企实践基地的教学内容、标准与企业发展相适应。使企业真实的生产环境与教学环境相融合是高校冠名企业最重要的特点。实训基地整合了高校和企业资源，为学生提供了真实的生产环境，也是构建创新创业教育校企协同育人机制的载体。实训基地既将教学内容带进了企业，又让学生在企业环境中得到了锻炼。企业通过实训基地提高了生产效率，降低了生产成本；而学校通过实训基地为企业培养了实用型人才，实现了教育目标。

（四）建立校企双方有效协同的机制

1. 建立校企协同的引导机制

高校和企业应共同参与校企协同引导机制的构建。校企双方首先应建立起校企协同工作委员会，成员包括企业、行业以及高校的管理人员。校企协同工作委员会的主要工作任务是审议培养模式、培养目标、师资队伍建设以及招生就业等问题，此外还应随时掌握行业发展变化，及时对人才培养课程设置和校企协同发展方向做出科学调整。技术合作开发委员会也是校企协同引导机制的重要组成部分。该委员会主要由学校骨干教师和企业技术人员构成，主要职责是根据市场需求的变动，对企业生产升级换代提供科研支持以及将高校的理论成果应用到实际生产中。为了保证校企人员的研究方向始终符合社会发展趋势，该委员会还应承担起校企人员培训以及传达行业动态的职责。

2. 建立校企协同的管理与反馈机制

校企协同的管理机制包括统筹规划、相互协调、自主发展等内容。协同管理机制能够有效加强校企之间的合作关系，提高资源的整合度，奠定互惠互利的合作基础，充分提升校企资源的利用率，保障人才质量符合企业生产经营需求。而校企协同反馈机制的建立需要与管理机制相结合。管理过程中出现的问题要及时通过反馈机制向校企双方反映并予以解决，以维护协同机制的运转。

（五）转变校企双方的传统观念与融合校企文化

1. 转变校企双方的传统观念

当前高校和企业对校企协同机制的看法存在差别。企业常常对校企协同育人漠不关心，而高校则对校企协同育人表现出积极的态度。造成这种差别的原因并不复杂。众所周知，获得更多的利润是企业始终追求的目标，但是由于企业对校企协同缺乏认识和了解，认为高校是培育人才的主体，校企协同会增加企业的生产成本，不利于企业生产规模的扩大。在这种认识的影响下，企业不愿主动参加校企协同育人机制的构建。高校虽然态度积极，但是仍然受到固有观念的影响，认为传统课堂式教学是培养人才最重要的途径。受限于校企双方的传统观念，企业在机制构建中处于被动地位，高校的教学模式也缺乏创新。高校和企业虽然承担着不同的社会责任，但是从功能和作用上看，双方也有着良好的合作基础。高校为社会经济发展输送人才，企业作为经济活动的参与主体，直接受益于学校的人才培养，而企业通过人才提高生产效率，获得更多的利润，为社会创造出更大的价值。可以看出，高校和企业都承担了服务社会的责任。因此，企业在生产经营活动中理应与高校协作培养人才。企业应认识到校企协同育人不仅仅能够培养人才，还能获得高校的科研支持。高校也要更新观念，依靠社会力量拓宽人才培养的渠道。在校企协同育人的过程中，高校应依托科研资源为企业发展提供技术研发支持。企业将高校提供的理论转化为生产实践，也有利于高校科研水平的提升。高校为企业提供人才和技术支持，企业为高校提供设备支持。这样，既能降低培养成本，又能提高学生的专业技能。所以，校企双方都应转变传统观念，积极参与协同育人机制的建设。

2. 融合校企文化

高校发展不仅要有良好的硬件条件，还需培育具有自身特点、被社会广泛认同的高校文化。优秀的高校文化不仅有助于培养出优秀的人才，还能极大地提升学校的综合实力。高校文化越来越成为学校发展的核心推动力。作为社会文化的一部分，企业文化与高校文化有着相同的文化属性，两者既存在联系，也有各自发展的独特性。企业是市场竞争的参与主体，所以企业文化建设服务于企业生产经营活动。优秀的企业文化能够影响员工的思想和行为，帮助员工解决工作中遇到的问题，为企业发展提供文化动力。高校文化和企业文化在内涵上存在联系，不少企业文化的内容都能从高校文化中找到相同的部分。企业发展和行业的变化对高校文化的影响也十分明显。随着社会竞争日趋激烈，终身学习已经被人们普遍接受。学生在学校接受专业知识和技能的培训，进入企业后并不意味着学习生涯的结束，仍然需要学习并掌握在企业环境中所必备的技能。因此，高校应使自身文化与企业文化相融合，让学生在校学习期间感受到企业文化，引导学生找出高校文化与企业文化的契合点，帮助学生在认同高校文化的基础上更好地接受企业文化，适应企业的竞争环境，提高自身的抗压能力，促进从校园学生到企业人才的定位转换，锻炼学生的职业能力和社会适应能力。

（六）校企协同人才培养的评价标准

校企协同培养人才的评价内容包括三个方面，即知识、素质和能力。评价标准要科学合理，最重要的是要与人才发展的规律相适应。高校和企业之间应加强沟通协作，共同参与评价标准的制定。学生是人才培养的主体，高校和企业还应共同承担人才培养的评价责任。

1. 知识方面的评价标准

知识方面的评价包括基础知识评价和专业知识评价两个部分。首先，基础知识方面的评价标准是本专业涉及的自然科学和经济管理类知识的掌握情况。其次，专业知识方面的评价标准是是否具备良好的理论应用基础和工程实训基础，了解专业和行业的发展变化，熟练应用与专业相关的法律法规政策以及行业技术标准。

2. 能力方面的评价标准

能力方面的评价主要包括学习能力评价、发现并解决问题的能力评价、创新能力和实践能力评价。学习能力评价标准是具有学习的方法与技巧，其中，学习的方法指的是获得知识的能力，学习的技巧指的是对新知识的探究与应用能力。发现并解决问题的能力评价标准是能以所学理论知识为基础发现解决问题的方式和途径。创新能力评价标准是指具备创新思维以及研发新产品的科研能力。实践能力评价标准指能将掌握的理论知识转化为生产实践，并具有在实践中发现问题、表述问题的能力。

3. 素质方面的评价标准

素质方面的评价标准包括是否具备良好的职业道德素养，对所在行业充满热情，敢为人先、吃苦耐劳，始终保持学习的态度，具备优秀的个人品质，敢于承担责任，善于沟通，能够与他人建立良好的合作关系，注重工作质量和安全，能够保持良好的职业习惯和态度。

第三节　高校协同创新创业教育的管理决策机制

高校创新创业教育是教育类型中一种崭新的模式，其正处于不断发展与完善中，所涉及的许多方面都还不成熟完备，因此在其实施过程中，需要根据实际情况来做出相应的调整。高校创新创业教育在运行过程中，会比成熟的教育内容面临更多的挑战与机遇。为了保证其能始终实现育人的目标，并且在运行过程中始终贯穿这一目标，有必要建立健全高效的创新创业管理决策机制。这一机制也是高校创新创业教育可以不断发展运行的关键性内容与核心因素。

一、管理决策机制主体间的关系

高校创新创业教育管理决策机制是由两个主体部分构成的。第一个主体是创新创业教育工作领导机构，其大都由高校的行政管理层人员组成；第二个主体是创新创业教育专家委员会，其成员大部分是创新创业教育研究者或教育专家。如果想要高效有力地执行管理决策机制，在构建时就要重点关注高校创新创业教育管理决策机制中一些主体的定位以及决策权力的分配。

高校创新创业教育管理决策机制的两个主体是分工明确、各不相同而且相对独立的。其中，创新创业教育工作领导机构是对创新创业教育的整体把控，相当于首脑的作用。其负责整体规划，全面把控创新创业教育的创业物资、投资经费还有其发展与未来。领导机构的主要职责是对资源整合与分配、经费的投入占比、市场的预期与调研以及创新创业教育的整体发展规划进行决策。创新创业教育专家委员会是创新创业教育的具体事务管理者，专门负责教学内容、方法还有教学老师的培训等。总的来说，创新创业教育工作领导机构重点关注的是未来发展与资源分配等宏观范畴的问题，而创新创业教育专家委员会重点关注的是理论研究、活动开展、培训等微观范畴的问题。

创新创业教育工作领导机构和创新创业教育专家委员会二者虽然相互独立，分工也各有侧重，但是两者间也有非常紧密的联系。领导机构整体调控，为专家委员会提供和确定发展方向，为其提供政策支持；而专家委员会可以根据教学培训的实际情况为领导机构提供策略建议。同时，领导机构可以通过对高校创新创业教育的整体规划，来有效提高专家委员会的工作成效；而专家委员会则会通过调整研究方向、转变领导机构的管理思路，来提高高校创新创业教育的实现程度。因此，想要使高校创新创业教育工作更加合理、专业、高效，就需要高校创新创业教育工作领导机构与专家委员会协同配合。专家委员会需要为工作领导机构提供科学的建议与理论支持，而专家委员会的发展方向也需要领导机构的正确决策和机制来保障。

高校创新创业教育决策过程包含两个方面：一是党委行政决策；二是学术教学决策。建立高校创新创业教育管理决策机制，需要明确两个方面所涉及的范围、程度、对象，明晰其在决策机制中的作用。首先要保证领导机构能够掌握全局，在整体规划中进行正确的决策，正确确立未来发展方向；同时也要确保专家委员会在培训教学等事务中可以达到最佳的效果，并将结果反馈给领导机构。在决策过程中，两个主体需要合理分工，共同推进高校创新创业教育的发展。

二、管理决策机制的运行

高校创新创业教育管理决策机制需要有规范的运行程序来确保工作的有序高效进行。而领导机构与专家委员会作为高校创新创业教育管理决策机制的两个重要主体，在其管理决策的运行过程中也起着主要决定作用。

在高校创新创业教育的管理决策运行过程中，领导机构应是具有逻辑性与条理性的。首先领导机构一般会根据教育培养目标，对现有的资源分配等问题进行分析，明确其完善与发展的途径；其次会提供多种决策方案，经过分析比对，确定最终实施方案并且推动方案的实施。在确定决策方案的过程中，领导机构需要根据专家委员会反馈的具体运行结果对决策方案进行整体评估，确定是否继续使用该决策方案。如果该方案存在缺陷，领导机构将对其进行调整与改进。在专家委员会的管理决策运行过程中，领导机构主要是对其决策方向进行总体把握，并且将学校创新创业教育的整体规划精神通过培训教学管理落到实处，贯彻到位。

总的来说，加强高校创新创业教育工作领导机构的管理决策，可以在宏观上确保其内容和发展方向符合学生德智体美劳全面发展的需要，也可以适应学校总体规划发展的方向，符合国家社会的经济社会发展需求。而加强专家委员会管理决策，是在微观层面上更加容易实现的合理的培训教学方法，从而确保高校创新创业教育的科学发展和高效运行。

三、管理决策机制的原则

构建高校创新创业教育管理决策机制，应遵守以下几点原则。

（一）把握中国特色社会主义的发展方向

高校创新创业教育的目的是培养优秀的创业者，使其服务于中国特色社会主义事业。因此，创新创业教育的决策方向一定要是正确的，一定要是和党和国家的建设发展需要相契合的。在创新创业培训过程中，要使学生树立更好地为中国特色社会主义事业发展作贡献的理念。

（二）明确面向广泛学生群体的发展思路

创新创业教育应适应各个领域、各个专业、各种背景的学生的需要。通过创新创业教育，使他们认识到自己的能力是有价值的，能力的提升对社会来说是更有价值的。创新创业教育应面向广泛的学生群体，开展普遍性教育，为他们树立良好的创新创业意识，提升他们的创新创业能力。

（三）遵循面向社会的实际导向

我国正处于经济转型发展阶段，经济社会转型升级与发展要求创新创业教育也要与之相适应。高校创新创业教育管理在决策过程中要注意将理论与实际相结合，不能将二者割裂开来。需要将更多资源投入实践性的教学任务和科研环节，使学生的学习能够做到知行合一，并推动社会转型升级，顺应时代发展的要求。

（四）坚定全面发展的育人目标

创新创业教育具有较强的综合性，因此可以从价值理念、科学管理等层面培养和锻炼学生的综合能力。坚定人才全面发展并将其作为高校创新创业教育管理决策的核心目标，才能实现高校创新创业教育的高效发展。

对于以上高校创新创业教育管理决策机制应当遵循的基本原则，我们应进行深刻的分析与理解，将其扩展提升为高校创新创业教育应遵循的基本原则。创新创业教育与以往的教育内容和模式不一样，是将创新创业理念融入创新创业教学和人才培养的全过程。高校开展创新创业教育也应当遵循以下四个原则。

第一，"全面教育"与"个别教育"相结合的原则。全面教育是对创新创业培训者整体的提升，为创新创业学生打造一个完整的知识体系结构。个别教育是指对少数拥有创新创业潜能的大学生进行的单独的辅导与特殊的教育，从而培养出优秀的创新创业人才。

第二，"全程性"与"分层性"相结合的原则。全程性体现在大学创新创业教育阶段的开放性与延续性。高校需要将创新创业教育的目标与专业教学体系相结合，更好地培养出素质全面的创新创业人才。分层性体现在高校的创新创业教育在不同的时期应当具有不同的侧重点。学生刚进入大学应该重点培养他们的创业意识，让他们掌握相关的基础知识。在学生具有创新创业意识后，就应当有针对性地开展技能培训教学，并且在创业实践过程中不断提高学生的意志力，培养学生的创业能力与综合素质。对于即将毕业的学生，应当重视教育延续性的特点，关注学生个人成长的需求，实施针对性较强的有重点的培养。

第三，"理论"与"实践"相结合的原则。高校在开展创新创业人才培养计划时，要重点关注将理论与实践相结合。只有将理论与实践相结合，才能培养出现代社会所需要的创新创业高素质人才。

第四，"开放"与"协同"相结合的原则。高校如果想要获取有利于培养创新创业教育人才的优质资源，就应该坚持开放办学并与各部门创立共同创新体制机制，还应该为了培养创新创业人才，专门建立创业协同机制，将各部门的职能步调统一，从而更加高效地促进创新创业教育的长久发展。

四、管理决策机制的对策

从长远的角度来看，转变传统教育观念，树立创新创业教育课程理念是十分必要的。首先，高校的领导者必须了解创新创业的内涵，明确创新创业教育是以完成素质教育的要求为核心的，其目的是为受教育者创造更好的教育条件。同时，还要意识到除了普通型人才的培养外，高校还肩负着为国家培养创新型尖端人才的任务。其次，要清晰完成创新创业目标的途径，意识到要以前瞻性的思维设定理念，并通过培养创新思维能力来实现目标。因此，各高校应以现实为立足点，明确创新创业教育的课程理念，以可持续发展的长远眼光来指导创新创业教育工作实践。

（一）加强创新创业学科建设，明确创新驱动发展要求

在创新创业教育协同机制中，高校处在培养大学生创新创业教育的最主要位置，应发挥出科研、人才、资金等方面的优势，体现创新创业教育主力军的重要功能。除此之外，社会总体发展战略对高校创新创业教育培养也有新的要求，因此，高校应明确自己的地位及任务，在实践工作中积极探索，寻找最佳方式与路径。合理的创新创业教育工作对我国经济发展起着正向作用，由此可见，建立并完善创新创业协同机制，规范大学生创新创业教育势在必行。

大学生是高校创新创业教育的重要主体，在人才培养方面，高校应从以下四个方面着手：①制订规划，使人才培养工作有据可依，科学、完整的规划为创新创业教育实践工作的开展提供了保障。②转变观念，在传统观念的基础上，融入创新创业教育理念，并将这一理念运用到实践工作中，做到理论与实践相结合，不断优化调整，寻求最佳方式。③整合资源，重视各方资源，如政府的政策保障体系、企业的资金支持等，在此基础上不断推进教学与科研改革，完善教育规划，通过资源的合理配置达到激发大学生创新创业潜能与动力的目的。应特别注意的是，在资源整合过程中，一方面要激发学生参与创新创业教育工作的热情，另一方面还应完善教学系统，设立有效的师生双向选择制度，帮助创业者和项目之间实现最优匹配，以发挥出最大的潜力。④提升教学水平。高校应深入研究创新创业教育理论，并积极探索实践内容，要通过设立多层次的创新创业教学内容充实课程体系，积极调动学校师生的积极性，提高他们在创新创业实践活动中的参与度，同时，还可以根据各校具体情况引进更先进的教学资源和师资力量，使本校的创新创业教育水平得到本质性提升。

（二）设计多样化创新创业课程，开展循序渐进式教育模式

设计合理、丰富、多样化的课程，应注意以下几点：①要将创新创业教育与专业教育相结合，对不同专业的学生给予针对性的指导，帮助学生在专业学习中树立创新意识，提升创新创业教育的实效性。②要丰富课程形式，在传统课本的基础上，增加政策性资料和文件，根据高校自身的实际情况，灵活精编教材，为学生提供更加丰富的资源。③集中时间安排实践操作，弥补教学课时的不足，帮助学生拓宽知识渠道，最大限度地获取相关教育资源。④要保障课程教材的实践操作性，便于教师使用，进行合理的实验准备和人员安排。此外，还可以通过拍摄视频、制作幻灯片等新媒体课程资源建设，将实践中的操作技巧呈现给更多的学生，这样做可

以突破教学时间与空间的壁垒，大大提升教学效率。同时，还可以将这些多媒体资源上传到互联网上，方便学生随时进行预习和复习，使学习时间与学习资源的利用实现最大化。

（三）丰富课外创业活动，鼓励学生社团开展活动

在创新创业活动中，学生社团具有得天独厚的便利条件，其自由化的活动方式、多样化的活动内容和以兴趣为导向的活动理念能够将有相同活动意愿的学生聚集在一起，营造良好的交流氛围，激发出学生创新创业的灵感与活力。

（四）构建专业的师资队伍，实现多样化的教学方案

一方面，学校要以本校师资力量为基础，为本校师资团队提供资金支持，帮助教师走出校门，接受更多的培训，吸收更多成功的经验，学习更先进的教学方法；另一方面，学校还可以引进校外的师资力量，直接改善本校教学水平现状。除了建设师资力量外，高校还要在课程建设上下功夫，坚持创新，设计出符合学生兴趣、教学方式灵活、能满足学生实践要求的教学方案，实现本校教育教学水平的综合提升。

（五）完善师资队伍激励机制

教师是高校教育工作的实践者，教师能否充分发挥其作用直接关系着高校整体教育水平。因此，高校应对优秀的教师予以表彰，满足教师对精神荣誉的追求，激发更多教师的教育积极性；对于不同的教师，特别是对将价值需求放在优先位置的教师，高校应通过设立荣誉职位等方式满足其对人生价值的更高追求。此外，高校应以德才兼备为标准建设师资队伍，建立、完善激励制度，鼓励教师充满热情地投入创新创业教育事业。

（六）规范创新创业教育主体活动，建立有效的督导机制

督导机制是高校教育教学活动健康开展的重要保障。高校教育工作必须遵守国家法律，符合国家教育发展方针，满足社会发展和受教育者个人成长需要，尊重教育规律，科学有序开展。督导机制的建立，特别是其"督教""督学"功能的发挥，能够确保教师工作的规范性，也能端正学生的学习态度，同时，对教育管理的执行者也能起到监督的作用。由此可见，有效的督导机制能够在保证社会主义办学方向的基础上，使高校形成民主、自由的良好氛围，同时使每一个师生都能够树立主体意识，共同参与到优质高校的建设中去。

第四节　高校协同创新创业教育的激励与调控机制

一、高校协同创新创业教育的激励动力机制

在我国推动高校创新创业教育的作用力多为政府驱动，同时，市场也起着十分重要的作用。

高校在创新创业教育体系中处于十分重要的位置，在教学科研、人才培养方面发挥着重要作用。高校不仅要将科学知识传授给学生，还要培养学生的品质，帮助学生树立责任意识，全方位承担起德育的重要责任。同时，高校能够帮助学生培养发现问题、分析问题、解决问题的能力，提升学生在创新创业方面的综合素质。由此可见，对于高校而言，其创新创业教育的动力是内生与外生的结合。因此，可以说高校创新创业教育激励动力机制是一种互动机理，推动着高校创新创业教育的良性运行。

从宏观角度来说，全面育人理念是高校内生动力的来源，而高校的外生动力则来自政府，政府可以将丰富的资源通过整合，合理地分配到高校创新创业领域，帮助高校开展科研工作。从微观角度来说，以内生动力而言，高校教师参与创新创业领域的教育教学工作，一方面是其职业发展的必经道路，另一方面也是个人理想的追求体现；而高校学生参与创新创业教育一方面是对未来职业发展的合理规划，另一方面也是自身全面发展的要求之一。以外生动力而言，政府能够为高校提供极其丰富的资源，社会则能够在荣誉感与成就感方面起到积极的推动作用。内生与外生动力各自所起到的作用不同，二者之间具有互相支持、互相作用的紧密关系，它们共同决定着高校创新创业教育发展的价值与未来。

（一）激励动力机制的运作

站在宏观角度上看，政府与社会机构同时作用于高校创新创业教育领域。在深化改革的大背景下，政府对创新创业活动需求的不断增大，对创新创业教育科研与人才培养要求的不断提升，使得政府会推出一系列有力政策引导高校发展创新创业教育，同时也会提供一定的资源予以支持。对于社会来说，我国是发展中国家，发展空间广阔，创业机会众多，社会机构在这一高速发展阶段会具有更多的创业意愿，以此来实现社会责任与自身利益，因此它们对人才的渴望十分强烈，这就促成了社会机构与高校之间的合作关系。这种合作一方面可以使社会机构有更便利的条件引进人才；另一方面可以推动高校创新创业教育教学实践工作的开展，使高校能够通过社会机构的人才需求调整育人方向与专业设置。

站在微观角度上看，作为高校创新创业教育领域的两大主体，教师和学生参与创新创业教育的内生及外生动力对高校创新创业教育激励动力体制的研究起着十分关键的作用。从教师的角度看，他们是创新创业活动的知识传授者与实践引导者，他们自身对于创新创业教育工作的热情与兴趣，以及对教育目标的认同都促进着创新创业教育及研究工作的发展。而高校对于教师工作的合理安排、对教师的激励等，都能够帮助教师提高积极性。此外，和谐的文化氛围也会对高校教师的心理产生一定的影响，在一定程度上帮助创新创业教育工作健康开展。从学生的角度看，他们是创新创业的受教育者，他们自身的爱好与兴趣，以及周围环境的积极影响能够提升他们对创新创业教育课程的认同感与学习热情。而高校则可以通过合理安排课程与学分等来实施激励举措，提高学生在创新创业活动中的参与度。教师与学生作为创新创业教育活动中的两个主体，二者之间具有相互支持的关系：一方面，学生的创新创业需求推动着教师的教学研究工作；另一方面，教师的科研工作对学生参与创新创业教育课程有所影响，两个主体之间和谐有序的关系共同促进了高校创新创业教育的良性运行。

在高校创新创业教育中，激励机制的作用不容忽视，其激发了教师创新科研的积极性，也鼓励着学生参与创新创业活动的热情。对此，高校可以将创新创业教学的实践指导考核指标划入绩效考评之中，并与教师的职务晋升及职称评定相关联。同时，高校也应对教师所取得的具体成果进行奖励，更大地提升教师的工作热情。除了对教师的激励以外，高校还要注重对学生的激励，可通过改革学籍、学分管理制度，为学生创造更加自由自主的创业环境，使学生拥有较大的弹性时间与空间，从而合理安排学习与创新创业活动。同时，高校应为学生创造自主发展的机会，鼓励学生发挥主观能动性，参与创新创业教育竞赛，并对那些在创新创业竞赛中获奖的学生进行奖励。

从考试的角度来看，高校必须建立新的考核机制，以素质为导向，以学生的创新创业参与度及贡献度为评定内容，以综合答辩方式为考核方法，并将创新创业项目的阶段性成果作为标准，充分考查学生在创新创业方面的综合素质，体现出创新创业项目的独特目标。

设置创新创业教育基金也是一项行之有效的举措。通过教育基金，可以完善激励机制，对表现突出的学生及时给予奖励，提升其积极性。同时，还可以尝试将学生参与的课题研究、科研项目实验及创新创业项目等成果转化为相应学分。

激励动力机制中包括政策激励的协同，其注重政策的可操作性及政策间的关联作用。各级政府相关部门应建立多部门间协同合作的机制，以现有政策为基础，进行总结优化，为创新创业教育提供政策上的保障。此外，高校也应出台相应的协同政策，从自身做起，通过加强创新创业师资队伍的建设，鼓励师生协同创业等方法，整合校内外资源，为创新创业教育工作的开展提供有力的支持。

（二）激励动力机制的原则

在对激励动力机制进行建构时，要以一定的原则为基准，在保证管理及决策的各方目标统一、能够互相配合的前提下，努力发挥出高校创新创业教育的真实水平。从其内涵和要素特点来看，在建立高校创新创业激励机制时，主要应当遵循以下几个原则。

1.维护各方动力的动态平衡原则

所谓的对各方的动力进行动态平衡维护，主要包括两方面：其一，保证各方相互适应，要让各方互相配合，共同推动创新创业教育，且程度上也要尽量保持一致；其二，各方目标和发展方向要保持一致。之所以要重点关注这两方面，是因为在高校推动创新创业教育时，不同主体的推进动力不同，从寻求最优的角度来讲，并不是动力越强效果就会越好。从宏观来说，如果高校对创新创业教育推进的动力比政府要小，高校创新创业在社会经济发展方面所发挥的作用就会被外界放大，政府和社会也会对此特别关注，这样高校就会迫于压力和一些资源渠道的限制而不得不对原来的教育计划进行调整，这对于教育发展自身来说是不利的，而且对于其他的教学课程的进展也会产生一定的影响；相反，如果高校的动力比政府方面更大，高校创新创业在经济方面能够发挥的作用就会被外界低估，政府和社会也就不会在意高校的创新创业教育发展，这样就会导致一些资源的配置跟不上课程的需要。从微观来看，之所以会有动力失衡的情况出现，就是因为师生内外动力的发展不相匹配，在实施创新创业教育时就会产生阻碍，不能顺利推进。通过第二层面的研究，我们可以发现，如果各方对于最终的发展方向和目标的追求不同，哪怕动力强弱彼此合适也是没用的，在进行创新创业教育时仍旧不会顺利。

2. 防止各方动力的异化发展原则

高校创新创业教育在推动中一旦出现方向偏差、力度把控不够稳定，或者说对动力的调控不够准确，就很容易发生异化现象。教育变得应试化、工具化就是动力异化的主要表现。在创新创业教育的推进过程中，政府和社会机构如果忽略教育本身的规律，而对其短期成果过分关注，认为教育是进行社会转型升级、提供创业机会的工具，这种现象就是典型的教育工具化。因为这种错误的引导，高校在进行教育培养时就会忽略关于创新理念方面的教育推进，而只重点关注学生在理论方面的学习成绩，这也与全面自由的育人观念相违背。与工具化不同，通过考试这种十分传统的考核方式对学生进行创新创业活动的结果进行有限评估，则是应试化的典型表现。这样做并不能对学生的综合素质和创业认知进行清晰且正确的评估，在一定程度上还会打击学生的热情和积极性。所以，在坚持创新创业教育目标的同时，高校一定要把全面育人的理念贯穿始终，构建起具有特色的课程理论教学方式和科研方式，同时与各方的建议进行有效结合，及时沟通交流，对创新创业教育的本质特点和发展规律进行深刻的认识和总结，以便制订更加合适的培养方案。

（三）激励动力机制的策略

高校的创新创业教育协同机制想要顺利运行，达到理想效果，作为决策的主体方，应该对管理方式和方向进行科学合理的规划，对自身及其他主体方的工作任务进行明确。通过上述内容，可以保证所有参与其中的主体方在思想意识和发展的目标方向上保持高度的统一，通力合作，以整体的利益最大化为自己的出发点，进而发挥出己方的最大能力。与此同时，在工作流程和工作行为方面，也要制定好相应的规范，各方在开展工作时要严格以规章准则的要求为标准，高效率地完成自己的工作。同时，奖励机制的制定也是很重要的。在制定奖励相关机制时，要把协作参与和信息的透明共享行为当作主要的标准，这样才能在各方进行项目决策时进行更好的协调，加强彼此之间的交流沟通和了解，同时也能培养出合作者之间的默契，保证机制能够按照公平、公开、公正的原则运行。除此之外，奖励机制对于增强各方的竞争协同意识也起着一定的促进作用，这也对高校的创新创业教育机制整体协同工作效率的提高有帮助。

要想对高校的创新创业教育协同作用进行提升，最关键的一点就是要对利益分配制度进行完善。对利益分配和实施的机制进行完善，可以提升企业、行业单位在高校创新创业教育方面的参与度，激励它们更加积极地投入其中。第一，应当在高校中建立专项资金，专门用于对高校的教学设施及其他方面进行提升完善，以及作为对校企协调培养机制的支持；第二，要对参与协同培养的企业和导师进行一定的激励补偿，这样能够让企业和导师更乐于参与进来，同时可以提高他们对高校创新创业教育协同培养的积极性和兴趣度；第三，要对指导教师的考评标准进行改革优化，新的校企合作教育指导教师考评机制应当能够对教师的工作量和教学质量进行科学有效的评价，同时，也要改革晋升机制，使其更加高效，这样才能让指导教师更加重视对学生能力的培养；第四，进行利益分配时，要对各主体的责任进行明确，相应的责任追究机制也要建立起来，这样才能让高校和企业在创新创业教育的协同发展中更好地进行合作。

1. 政府、企业、高校间的配合

只有政府、企业、高校互相配合、共同努力，才能保证高校的创新创业教育激励动力机制一直高效运行。只有国家和政府在政策、资金等各方面都进行全方位的扶持，才能为创业营造出良好的环境。在高校的创新创业教育协同机制中，起主导作用的应当是政府，要想对目前高校的创新创业教育激励动力机制进行完善，可以从以下几个方面入手。

（1）在国家层面，应当制定推出一些保障高校创新创业协同运行的新的政策规定。在政策资源的掌握以及计划的制订方面，政府起着主导作用，因此，政府应当对将要参与创新创业教育的企业和高校进行积极的引导。政府作为主导方，要带头制定推出多维度、多方位协同的针对创新创业教育模式的相关激励制度。而在整个多维协同的创新创业教育机制的实际运转过程中，政府只是进行制度创新的主体，高校才是进行路径创新的主体，通过创新制度，能够对创新路径起到一定的推动促进作用。作为能对资源进行调配的一方，政府应该制定出更多的激励政策，为学生创业提供一定的资金保障，减少他们的创业风险，以此推动学生进行创新创业。比如说，政府可以推动制定多维协同的育人制度，加快人才培养体系的建立建设，也可以通过对创新创业课程进行设计规划，充分调动起各方的积极性，让各方主体都能主动参与到创新创业当中。此外，对于如何协调处理好政府、企业、高校三方的关系，政府也要重视起来，可以通过资源配置和管理，积极对三方关系进行协调，从而保证创新创业教育的合作能够顺利进行，达到预期目标。

（2）在创新创业项目的知识产权方面，要加大保护力度，为创业学生的合法权益提供强有力的保障。因为学生群体对于如何进行无形资产的专业评估普遍缺乏了解，因此，在实际进行创新创业的时候，他们很容易忽视对于自己创业成果的保护。正是因为这样，在创新创业项目发生一些产权纠纷的时候，学生的正当权益很容易会受到损害，成为弱势的一方，因此，对高校的创新创业法治环境进行优化，是政府工作的当务之急。从企业角度出发，可以安排一些企业导师深入高校，对进行创新创业的学生进行指导，为他们提供一些意见。

（3）在创新创业教育的前期，主要是产学研的结合，在此基础上，对全面协同育人工作进行进一步推进，将培养的目标方向定在为经济社会的发展进行服务上。与此同时，通过校企联合培养的这部分创新创业人才，能够对企业和高校的相关教学资源和环境进行充分的利用，将各方的优势融合在自身的发展中，为高校加强和社会及政府间的沟通提供便利，从而对产学研合作教育的主体动力机制进行激发。借助产学研合作的教育方式，实践能力极强的高素质型的创业人才得以被培养出来；同时，教学课程的规划更加科学，也使得师资队伍向着更高质量不断发展。在这种合作教育的模式下，师生的实践能力和经验都得到了很大的提升。

（4）对高校的学科与产业发展协同机制进行强化。在高校中，学科建设与产业的协同发展除了要进行某一学科的校企对接联合，还要进行跨区域的学科集合的校企对接联动。在一定程度上，这种合作的形式对于产业转型升级是能够起到促进作用的，同样，对于高校进行集群服务的能力和水平也会有一定的提升。要推进实体型的产学研教育合作创新模式的发展。作为高校与企业共同参与建构起来的联合创新实体，产学研结合是一种创新的模式，其发展由松散逐渐变得紧密。借助这种全新的合作方法，高校不仅能够对智力资源进行更加充分的利用，还能使自身解决问题的能力得到提高，也能为科研创新开发团队提供更好的载体保障。在高校的创新创业教育协同机制中，企业的支撑作用也是必不可少的。在这里，企业不仅仅是技术的应用者，同时也在追求最大的利益并推动了创新成果的转化。借助创新创业教育，企业可以获得自己所需要的人才、技术甚至利益，从而降低成本，提高收益成效。通过与高校配合，企业可以开展创新创业项目，同时，还可以对人才培养体系计划进行资助，从而在信息反馈方面获得更高的收益回报。在这个过程中，企业将主要承担起市场技术拓展、技术供给、科研成果转化等责任。

2.高校角度完善创新创业教育激励动力机制

从高校的角度出发，要想完善创新创业教育激励动力机制，需要注意以下几个方面。

（1）健全创新创业教育课程体系，使课程更加体系化与系统化。在培养高校学生的创业意识和创业素质方面，创新创业课程发挥了极其重要的作用，所以，高校要对创新创业教育的课程体系进行调整丰富，使其更加系统化。只有提升改进教学的方式与环节，才能在培养学生的创业技能和创新意识时更加从容高效。

（2）按照国际规范，将创新创业教育纳入人才培养计划中。就创新创业人才的培养来说，这项工作是系统且复杂的，需要多方面进行协同配合才能有效推进。保证其能够合理高效地运行，不仅对于提升学生的创业知识、技能有显著作用，同时也能推动创新创业教育的深化发展，提升大学生创业的核心竞争力，推动创新型人才的培养，为我国推进人才建设和智库储备提供支持。

（3）构建科学合理的组织机构。高校进行创新创业教育离不开组织的保障，因此，科学合理的组织机构的建立就显得尤为重要。所谓科学合理的组织机构，就是要遵循一定的原则，即全面覆盖、统一指挥。在学校一级，应当建立起创新创业调控中心，对创新创业教育全过程进行统筹指挥，同时，还要负责对全校的创新创业教师队伍进行培训，合理分配、调度这些师资力量，保证各方主体能够进行合理有效的沟通；在二级学院一级，应当建立创新创业办公室，该办公室应当承担起高校与师生之间的联络中转任务，在其下属机构，应当建立创新创业发展中心及实践部，对创业实践能力进行切实强化，对专业实验室以及训练中心的设施加强建设。

（4）培养高质量的创新创业师资队伍。要想让创新创业教育得到更好的推广，就要重视对师资队伍的建设。要想建设培养一支高质量的师资队伍，就要加强人才的引进和培训。在条件成熟的情况下，可以引进一些创新创业教育专业人才，或聘请校外的专家到学校开设一些相关教学课程，并对校内相关教师的创新能力进行培训，最终建设出一支既有专职教师也有兼职教师，二者相互结合共同授课的高质量的创新创业教师队伍。

二、高校协同创新创业教育的调控机制

在高校创新创业教育工作中，由于多个主体的参与，各方在操作过程中可能会

因自身利益、情感、知识的差异而产生行为冲突，从而阻碍创新创业教育的发展。要保证其正常运行，就必须建立合理的调控机制。高校创新创业调控机制可以理解为通过设定目标、公平定位、发挥作用来化解工作过程中的矛盾的一种机制。对目标进行及时调整和充分调查是高校创新创业教育监管机制的核心任务。而对行动状态的合理评估，可以确保及时发现行动中的不一致，使问题能够得到及时、迅速的解决。

（一）调控机制的评估

科学研究、准确评估高校创新创业教育中的矛盾，是创新创业教育调控的重要内容，而建立科学公正的事后研究关系是建立监管机制的重要前提。建立调查的评价环节，重点应明确调查评价关系的主体、对象和内容以及研究评价关系的方式方法这三项内容。

学校的部门多、教育实践活动多，所以要明确调查评估问题，明确责任，并从根本上介入、指导和管理学校领导机构的决策，从而为合理配置资源，促进创新创业教育的有效开展奠定良好的基础。为了提高矛盾解决的有效性，在管理机构和专家委员会两个决策机构中设立业务调查评估部门，不仅可以提高反馈的有效性，同时也确保了评价组织的权威，有助于实现两个决策机构的思想价值和观念取向。同时，为了确保反馈信息的客观性，还应在校外建立一个外部调查和评估组织，这是对评估工作的一个主要补充。这三方的工作在某种程度上是相同的，但重点不同：领导部门负责牵头组织，主要负责整体投资，从宏观层面配置资源；而对评估部门负责的专家委员会更注重微观视角，如师生的提案和教育科研的设计与运作；校外估评组织主要以创新创业为目标，保障整体的高效运作。

与此同时，这种评估环节也会造成学生创业项目的全面分解，我们应该从长远发展的角度来看待学生对于创业的不同选择方向。我们应该详细调查近年来创新创业领域的发展状况，如果我们认为市场已经饱和，就应该从建设性的角度来评估项目的未来发展及发展潜力。这些办法可以为创业大学生提供积极的参考点，确保他们的创新创业项目不落潮，不丧失原有的独特价值。

一个完善的评价过程，需要对主体机构进行定期的综合评价，包括：政府能否充分发挥自身职能，对各方利益进行协调，落实政策执行情况；公司能否为学生在创新创业领域提供成熟的实践基础；中介机构是否为学生建立了完善的创业体系。

对主体进行定期检查，可以及时纠正他们的工作方法，当事人也可以受到监督并提升。

1. 创新创业教育协同评价机制

创新创业教育的协同评价机制是有助于提高创新创业效率的培训机制。一是在实践和科学知识评价方法论框架内，建立创新创业教育评价机制，可以有效地评价学校师生，务实地评估教育科研成果，逐步提高实践质量；二是企业与高校共同推进创新创业教育评价，将其与平时工作奖励挂钩，鼓励企业注重实施创新创业培训。

2. 创新创业教育质量考核评估机制

若要评估创新创业教育的质量，可以观察创新创业教育实施的水平和教育后得到的反馈。创新创业教育的评估能够推动教育价值的提升，同时还可以使学生的创业素质和技能得到提高，使各方主体的协同关系制度得到保证。

企业会在新型考评机制的构建下更积极地参与高校创新创业教育。考评分为外部和内部考评。外部考评主要是上级政府用于测评创新创业教育整体质量和水平的工具，舆论会对第三方机构进行监督，同时进行绩效评估。内部考评是以项目执行和资源调配等为基础的，以协同双方为主体进行的绩效评估，在评估前会建立创新创业教育体系在跨界协同关系下的管理制度，对双方的权责进行明确。协同育人的运行过程会在科学有效的评价体系下得到提高。

高校毕业生创业咨询机构数量、创业扶持制度政策和创新创业法律法规都是创新创业教育协同育人环境考核评价的内容。创新创业教育通过风险投资或教育基金来获取资金，课堂与实践的教学评估包括在协同育人教学水平评估之中。多元教学方法和核心课程规划是课堂教学评估的主要方式，但实践教学不仅局限于校内，还应有校外实践，例如实践活动、创新创业竞赛等。在考核评价时，应当设立更加全面有效的内容，评估的内容不应当局限于创新创业教育活动的结果，还要具体监测活动的过程，在评价考核中应当在绩效指标中设立定性与定量研究相结合的教学方式。

育人载体、参与主体、整体效果和投入状况是高校创新创业教育体系中的4个层面，这四个层面也可以作为对教育运行状况进行调查研究的分析数据。为了对创新创业教育中教师与学生的态度进行了解，可以进行一定的访谈交流；另外，还要不定期地监测课堂教学形式与内容，及时发现教学的缺陷与不足；深刻分析教育中人力、物力、财力资源的配置；在创新创业培训落实之前，应当切实了解学生的受教育意愿和个人能力与综合素质，同时还要努力加强师资力量。总之，在高校创新创业调控机制中，这四个层面具有十分重要的作用，为了使调查评估环节更加完善，必须建立四位一体的多元化体系，这既可以保证整个过程的具体信息得到有效的运用并受到评估，同时还能够及时高效地获取反馈信息。

在调查评估时，可以通过合理的访谈纲要对参与主体的课堂主观感受进行总结。在访谈时，采访参与主体的感受和意愿，采访后及时总结采访到的信息。这些评估对象在资源投入和育人载体的层面都是客观存在的，因此，这种客观性也被带入结果当中。调查的标准在调查前应当明确，并在评估体系中结合课程内容和经费投入状况，建立更加完善的创新创业教育评估体系。在评估整体成效的环节，为了获取有效的信息数据，可以分段进行主体的认知测量，在对整体的成效进行调查时可从宏观和微观两方面着手。

创业主体和教育的分离是高校创新创业教育中不断发生问题的重要原因。这些矛盾问题若想被解决，就必须在创新创业教育的进程中对学生的立场进行充分考虑，避免单一的教师向学生的灌输，而要支持师生的双向互动，使教学创业主体更加多元化，多主体协同发展。应当对各个主体的需求进行分析，建立创新创业教育的利益发展共同体，使多元主体协同发展得以实现。

为了使高校创新创业教育能够顺利进行，政府应当给予相应的制度和政策保障，使供给方面得到落实；高校应当不断升级学校的人才培养模式，在进行课程教学体系与方式的设定时充分考虑学生的个性；教师在进行创新创业教学时，应当与学生进行双向互动，互相学习，共同发展，充分发挥学生的主观能动性；学生要积极参与创新创业相关活动，树立正确的创新创业价值观，提高自身的综合素质；企业要积极参与创新创业活动，充分发挥自己创业教育共同体的职能，提高各个主体参与创新创业活动的积极性。

（二）调控机制的协调

根据高校创新创业教育研究和评估课题的反馈情况，监管机构可以通过制定政策来协调各方的工作规划，促进创新创业培训业务的优化和升级。监管机构的研究和评估涉及多个部门，跨部门合作的理念将被纳入其中，因此可以从组织和制度两个层面推进高校创新创业教育。

跨部门合作的第一个问题是各方利益的不平衡、目标的不一致，当两个部门的合作和沟通很少时，就会影响到整个创新创业培训的效果。因此，必须结合我国高等学校的实际情况建立一个权威的管理机构，提高跨部门合作的管理水平，以消除跨部门合作的障碍，加强不同部门之间的沟通，最终实现团结一致。高校管理者和相关职能部门的参与，不仅可以提高合作管理机构的权威性，也有助于教育资源的分配和部门间的沟通，同时也要统一领导机构和部门的意见，推动工作的落实。

跨部门的工作会导致不同部门之间的合作效率低下，容易产生矛盾。因此，为了消除工作职责模糊给合作带来的障碍，可以采取以下几种方式：一是明确合作过程中各部门的职责和权限，通过协商性工作文件和会议等方式使分工制度化，明确工作主体责任；二是梳理职责权限难以分开的部门之间的信息交流环节，拓宽信息反馈渠道，缓解工作中出现的矛盾。

科学并且合理的组织架构，可以促进高校创新创业教育监管机制的协调和完善，同时也可以在制度方面做更多的稳固性工作。高校跨部门合作想要持续、规范，不仅需要规章制度的刚性约束，更需要文化交流的柔性保障。

从刚性要求的角度来看，只通过服务部门之间的口头约定和人际关系的主观因素来协调和改善各部门之间的关系，是很难维持高校创新创业教育的稳定发展的。只有制定合作部门认可的规章制度，用有力的手段加以规范，才会在产生矛盾时保证合作的可靠性和连续性。作为两个主要决策者，领导机构和专家委员会可以根据相关政策领域划分合作制度。由于决策主体缺乏专门性，不能形成一个连贯的体系，在制度标准上可能存在矛盾和冲突，因此有必要制定合作制度体系。鉴于此，对于制度的实施要建立监督机制，首先就是要对于各部门以及教育机构有充分的了解，同时对于合作制度的建立，也要有强有力的手段来保证实施。

从柔性的角度来看，共同的价值观和信念是文化交流的出发点和连接点，要制定包含共同利益的目标。同时良好的沟通平台以及合作制度，能够加强相互之间的沟通交流。有效的定期对话也是创造良好合作氛围的基础，可以使各部门之间形成默契，加强各部门之间的合作，形成长期有效的互信感。部门间通过合作交流与互助，为构建共同的文化生态、实现共同的价值目标作出贡献，可以提高各自的核心力量和凝聚力，从而推动高校创新创业教育长期发展。

第五节　高校协同创新创业教育机制的有效保障

为了保证创新创业有关教学活动的顺利开展，需要建立完善的高校创新创业教育协同机制保障体系。高校应协同当地政府、行业、企业，深化产教融合，加强校企合作，加快构建创新创业教育保障机制，努力培养创新创业型人才，更好地适应地方经济社会发展的需求。驱动机制是关键，运行机制是核心，保障机制是重点，三方面目标一致、联动配合，共同推动高校创新创业教育人才培养目标的达成。

为与高校创新创业教育协同机制相适应，保障体系的建立和完善需要容纳以下几点：一是教育队伍保障体系；二是质量管理保障体系；三是制度环境保障体系。

一、教育队伍的有效保障

作为教育体系的顶点，高校教育长期以来一直担负着传播社会文化、培育高等人才、提升社会整体心智的重要使命。而教师作为高校实现其职能的主体，在某种程度上对高校教育的发展与成效产生了决定性的影响。无论是课程创新还是授课内容创新，都要依赖高校教师的能动作用。由此，培养高质量的高校教师人才体系应当成为高校教育质量改革的重要内容，建立能够保障高校教师人才队伍持续发展的培养体系则是维系高校人才不断提升的重要保障。

为了形成吸引人才、留住人才、发展人才的完整机制，必须充分重视人才对环境的各类需求，创造有利于人才发展的综合性体制机制，从而达到发挥人才全部潜力的目标。

（一）构建结构科学合理的专兼职师资队伍

顺利开展创新创业教育的关键点是拥有一支高水平、高质量的教育团队，同时，应开展大学生职业发展教育师资培训活动。

为提高教师团队的整体素质，学校可以建立各类平台帮助教师学习成长，鼓励教师参加培训、学术研讨、教学交流等活动，具体包括：第一，面向全体教学类教师的长期培训，建议以3年为一个周期，提升教师的知识结构和教学能力；第二，面向重点教师群体的集中培训，以教学领头人和骨干为对象，进行高质量高水平培训；第三，面向个别老师的高精尖培训，以培养省级、国家级重点教育专家为目标。

此外，建议成立专门的组织活动开展平台——校级师资培训和大学生教育与职业发展中心，致力于教师和学生的共同发展，实现教学研究、管理服务一体化。在教师培训发展方面，成立教师培训发展教研室，负责教师培训活动的组织和开展，教师日常教学工作的有效监督和管理，以及绩效考核。就学生教育和职业发展而言，需要成立大学生创业教育与职业发展教研室，负责大学生创业和职业发展相关的课题研究、课程教学、实践实训等。另外，中心需要通过搭建校企合作、学研一体化平台，促进双向发展。

1. 专职教师的队伍建设

就学校的长期稳定发展而言，必须以专职教师为主体，兼职教师为辅助，不可以本末倒置。高水平专职教师的人才队伍建设，直接关系到一个学校的办学水平和长期发展。尤其对于民办的高校而言，如何吸引高水平的专职教师，避免人才流失，是其办学发展的当务之急。为此，可以从以下几点出发。

（1）促进创新创业教育学科发展，构建师资培训平台。创新创业教育的目标、教学内容和形式是独立的，因此专职教师团队培训也是单独的。由具有创新创业教育研究经验的专家建设创新创业教育学科，不仅可以逐步促进创新创业教育的发展，提出利于创新创业教育实行的政策建议，而且可以利用强化创新创业教育研究和培训专门教学人员来发展壮大高水平的创新创业教师队伍。

（2）搭建创新创业教育教师进修培训平台。在开展创新创业教育的初期，可以为教师提供进修培训的机会，让他们参加一定的基础知识理论培训，以充分适应创新创业有关科目的教学要求。为了提高师资研究能力，可以鼓励老师参加国家级的创新创业培训会、地区论坛会、研讨会，选择优秀的教师出国访问学习；为了丰富教师的创业经历，可以实施"产学研一体化"模式，将理论研究成果带入实际创业过程，还可以建立学校公司合作项目，让教师参与到企业经营管理中去。

2.兼职教师的队伍建设

在以专职教师为主体的前提下，还需要重视兼职教师的重要作用，建立兼职教师人才队伍。兼职教师是新时代资源共享、人才共享发展模式在高校教育教学中的集中体现。高校应该建立起一支理论和实践水平一流，了解学校办学宗旨和发展要求，清晰学校历史和学生发展情况、发展要求的兼职教师人才队伍，并使其成为专职教师教育教学活动的重要补充力量，承担起重要的教学工作，促进高校学生的发展。具体而言，立足大学生创新创业发展需求，高校可以有针对性地吸收以下几类兼职教师：一是其他高校的创新创业教育的专家学者；二是政府创新创业相关部门的工作人员，他们可以就创新创业相关政策与管理现状进行解读；三是创新创业相关公司的行业精英骨干。

（二）强化创新创业教育的师资建设机制

如果要实现创新创业教育活动的顺利开展，就必须组建一支既具备坚实的专业课知识基础，又具备一定创新创业思维的教师队伍，从而更好地推进创新创业教学活动的开展。借鉴国内外创新创业教育的经验，立足于我国创新创业教育发展的现状，可以从以下几个方面来推进创新创业教师队伍素质水平的提升。

1.设定合理的创新创业教师的聘用条件

当前，我国多数高校对于创新创业的教育还不够重视，并没有开设专门的学科课程，这在一定程度上也导致相关专业的教师资源十分稀缺。在构建创新创业教师资源体系的过程中，一定要选择教学水平高、具备创新思维以及相关实践经验的教师。同时，也可以设立高标准的教师准入规定，在注重理论创新教育的同时，也要将创新实践提到一个更高的层次，既要考察教师的相关思维能力以及专业知识储备，还要考察教师的基本师德素养等，从而组建起一支质量高、素养高的教师队伍。

2.完善创新创业教师的团队结构

首先，高校应构建起相关教师的培训机制，鼓励教师参加相关培训活动，促使教师获得相关的实践经验，从而打造出一支优秀的创新创业教师队伍；其次，高校应该优化配置学校的专业教师资源，保证创新创业教师队伍是由不同专业的高水平教师组成，其专业知识之间能相辅相成，从而保证授课结构的科学化。在选拔优秀教师的过程中，高校应该建立起严格的选拔制度，选拔出一支教学水平高、素养好的年轻教师队伍。与此同时，也可以培养一批实践经验丰富的兼职教师队伍，成员可以是成功的创业者、风险投资员、企业职员等。两支队伍相辅相成、互相协作。

3. 构建系统的创新创业教育师资培训制度

优秀的教师队伍是创新创业教育活动顺利开展的先决条件，而组建一支优秀的教师队伍的有效方法就是挑选和培训优秀的教师。因此，要构建系统的创新创业教育师资培训制度。

（1）要拓展教师的培训途径。目前，我国对于创新创业教育活动教师的培育方式还不多，但是参与该教育活动中的教师数量却在不断增加，因此，拓展创新创业教师队伍的培训途径至关重要。

（2）要加大培训力度，提升师资队伍的整体质量。目前，由于创新创业专业的老师较少，因此就必须加大对参与到该教学活动中的老师的培训力度，保证每一位老师都能够接受相关培训，并且从中获得新的教育灵感，从而提升教师队伍的整体质量水平。对老师进行具有核心竞争力的培训极其有必要。通过对相关教师进行创新创业思维以及实践经验的培训，既能够使得教师具备一定的创新能力，也能保证学生的探索精神得到一定的鼓励和支持。

4. 完善创新创业教师考评与激励机制

高校为鼓励更多专业教师参与到创新创业的教育教学活动中，构建了众多形式不一的奖励机制，在以此来鼓励教师积极参与的同时，也推进了对相关活动团队的管理。建立起完善的教师教育教学成果及方式的动态考评机制，在一定意义上更能够推进创新创业教育教学活动的开展，并能在一定程度上转变教师参与教学的思维方式，以此实现该教育活动的理想化教育目标。建立起相关考评机制，从多个方面评判教师整个教学过程，可以有针对性地提出整改意见和要求，以此保证教育教学活动的圆满完成。

建立起相关的激励机制，在一定程度上能够激励教师的教学主动性以及思维创造性，从而使得相关教师具备大量的创新创业实践经验以及创新思维，以此保证创新创业教育活动的开展。

二、质量管理的有效保障

对于高等院校来说，努力提升教育质量是教育改革发展的重要目标。高等院校可以成立创新创业教育质量保证领导负责团队和专家团队，借由行政手段和学术威信，共同确保创新创业教育品质。要对高校创新创业教育品质开展深入评价和分析，以便构建行政和学术系统下的教育质量保障系统。构建高校创新创业教育品质监督支撑机制，最重要的就是建立高等学校创新创业教育品质考核机制。教育质量保障包含三大重要部分：第一，创新创业教育师资；第二，物资等部分保障；第三，创新创业教育的教学成果保障。以此为基石，为了能够给提升教学品质提供全面理论参考并协调各类物资，不仅要构建创新创业教育品质监督支撑机制，还要定时评测高校创新创业教育管理情况和传授效果，实时监督并对其开展测评。

（一）创新创业教育教学的组织评估

学校对于创新创业教育的关注程度和投入状况是评判该校创新创业教育情况的重要指标，促进教育整改和提升教育品质的首要任务就是考评院校创新创业教育指导机构的状况。制定有效的考评标准是评判创新创业教育指导机构状况的重中之重。常规来看，评测指标可以从投入、流程和结果3个方面来确定。针对投入部分的评测，其关键是看对创新创业教育不同部分的投入情况，涵盖法规支撑、师资配比、金钱付出、管控人员的数量、场地搭建等部分；在流程部分，考评重点在于创新创业教育的课程设置、教学方法、教学服务保障、组织管理等；在成果部分，考评侧重于考核学生的理论知识、技能、实际操作等。由于针对高等院校创新创业教育现状的评测集中在对创新创业教育的关注度和整体付出上，因此可选取下面几点作为考评标准。

1.政策保障方面

高等院校在行政和学术两方面的扶持均以政府的政策支撑为依托。行政方面体现在创新创业教育工作中面临的困难和相关的各种任务，是否能通过高校领导带领的创新创业教育指导团队得到快速解决；学术方面体现在创新创业教育理论探究的奖励机制和创新创业教育领导班子是否都已敲定，是否以其作为教学质量提升的坚实政治根基。

2.教师队伍投入

教师团队状况不单体现在创新创业教育全职教师和兼职教师的人数上，优秀教师在全体教师中的占比也十分重要。通过教师人员的数量可以了解到开设创新创业课程的数量，而拥有博士学位和正、副教授职称的教师人数比例也是教师队伍情况的重要体现。

3. 资金投入

资金的投入是创新创业教育是否能够顺利落实的核心。创新创业教育研究资金是基本经济投入，举办指导活动需要的经济支持是主体经济投入，这两部分的投入共同构成了高等院校创新创业教育资金。其中举行教学活动的资金不仅涵盖主修课程和隐藏课程所需要的经济支撑，对于优秀人员培养的费用也涵盖其中，比如给予优秀学生创业实操比赛资金补助、给予一定金额的创业研究项目补助等。

4. 管理人员投入

创新创业教育体系中除教学老师之外的人员都属于创新创业教育管理人员。他们的主要工作内容包括评测等一系列与隐性课程有关的工作，其中包括成立单独创新创业教育监管团队来把控创新创业教育人员数量等。

5. 基地建设投入

创新创业教育理论研究基地和实践锻炼基地共同构成了基地建设。理论研究基地是学生研究理论的重要场所，其集中构建在校园内部，以便学生在校内学习理论知识。实践锻炼基地通常由高校和政府共同组织，建立在校外，为有创业想法的学生提供实践锻炼的场地。基地建设投入的考核有两个指标：一是软件指标，即基地拥有的学术教师和实操培训教师质量；二是硬件指标，即创业教育基地的数量和整个基地能承接的学生数量等。

6. 教育课程安排方面

创新创业教育的显性课程在高等院校里涵盖了必修课、选修课和辅修课，通过学习，学生能掌握初级学术理论。除此之外，还有专业课程、思想道德教育、通识课程等教学内容。设置科学规范的创新创业教育显性课程，不仅应该涵盖创新创业理论知识等，而且也要符合创业趋势，通过教导初级的学术知识，培养学生创新创业技能，进而让学生知道创业的意义，最终成长为拥有创造性观念并能主动进行创新创业的人。

隐性课程旨在通过学校文化和学习氛围发挥作用，与提高学生整体素养并保证学生能够全面良好地前行密切相关，其不属于原始的大学教学体系。高校在课外开设创新创业教育隐性课程，旨在帮助学生在本校学习环境里掌握更多与创新创业有关的理论知识。

隐性课程和显性课程在创新创业教育中有两个明显差别：第一，形式不同。显性课程以教室内的学习为主，但隐性课程更善于利用室外形式让学生参与其中，不仅能让学生掌握创新创业相关知识，更能提升其创新创业实操技能。隐性课程有丰富多彩的呈现形式，包括创新实践比赛、社团组织、课外实操活动等。第二，隐性课程有着更为放松的学习过程。它将有效的创新创业理论和实际操作技能等融入现实情景，借由活动形式呈现，在愉悦自在的氛围下，让大学生能够从中得到启示，提升自身的学习主动性，这是创新创业隐性课程的另一大特点。

7. 教学方式方面

学校尽力栽培有创新创业想法并对于创新创业知识了然于心且具有实际操作技能的学生，在教学中使用不同方法把教学目的转化为教学成果。让学术配合实操，或者使用实操指导、学术引导法、举例指导法、探究教育、引导教育等方式。

8. 服务保障方面

完善的创新创业教育服务保障体系是提高优秀创新创业教育质量的前提。需要具备以下三点，方可完善创新创业教育服务保障机制。

第一，创建大学生创新创业引导服务中心。引导服务中心可作为大学生和企业之间的沟通桥梁，在团队创业实操过程中还能给予经济、场地和人才扶持。由此可见，各个学校应根据自身实际状况，开设专门的创新创业引导服务中心，以"一帮一"的形式对创业学生和创新项目进行辅助和实时指导，实时关注他们日后的发展方向；针对创业未取得成功的同学，还需要帮助他们分析原因，并提出解决方案，激励他们勇往直前。

第二，强调创建创新创业教育实践基地的重要性。高等院校应该建立一个完善的、设备齐全的创新创业教育实践基地，使其成为学生将想法转变为现实的场地。构建一个创新创业教育实践场所，不仅要充分发挥其实践功能，对全校师生进行传播，而且要将获益人群逐步扩大，进而形成标准化的管理规章。

第三，创建创新创业教育信息化服务平台。学校要大力发挥互联网和图书馆的传播功能，在图书馆放置一个专门为同学提供创新创业教育系列书籍的书架，做到及时更换，以便师生可以获得来自四面八方的信息。不仅如此，目前我们正处于"互联网+"的环境之下，网络平台成为人们获取各类信息的重要渠道。要搭建网络信息服务渠道，让高校师生能够及时迅速地得到精准丰富的前沿信息，将图书馆和互联网平台的教学作用发挥到极致。

（二）创新创业教育教学的效果评估

创新创业教育的实行旨在引导高校学生提升创新创业技能并对创新创业有更深入的理解，通过学生自主参与不同行业的创新创业，使他们建立良好的价值观。实现教育目标的关键在于加强学生对创新创业的认识，提升学生的创新创业技能。高校创新创业教育的教学成果体现在所有举办的教学活动是不是实现了教育目的，并且达到了哪个阶段。简单来说，通过比较参与过创新创业教育的同学和没有参与过的同学在认知、主动性和能力方面的强弱，就可以评判教学成果如何。因此，创新创业教育教学成果与创新创业教育目的一定要一一对应。

创新创业意愿和创新创业自我效能感两个概念的提出背景在于，立刻评判出大学生对于创新创业的认知和本身具备的创新创业技能非常不容易，因此需要寻求公正严谨的评判方法。创新创业意愿能够反映大学生对于创新创业的主动性的强弱，其本身是代表学生是否有创新创业意识的自我行为。高等院校的创新创业教育是为了让学生形成良好的价值观，加强学生创新创业的主动性，并且让学生自信地参加到实践创业活动中去，是让大学生具备创造性、拥有主动创业想法的教育。高等院校在创新创业教育方面不仅要以传授创新创业学术知识为基石，更要增加教学形态，积极迭代教学方式，打开学生思路，提升大学生创新创业积极性，在培养大学生的自主性意识和创造性思维方面下功夫。针对大学生自身，培养主动性、创造性观念的前提是引导他们树立起积极自主的意愿，让大学生确立自身主导地位，激发他们全面展现自身的积极性和潜能，从而提高自我价值，取得明显的进步和长足的发展。

美国心理学家班杜拉于1977年提出了自我效能感这一概念。自我效能感是每个人对于自身的一项任务能否完成的评估和判断，普遍适用于各类范畴，只是在各种范畴内的意义有所差异。自我效能感运用在创新创业范畴中，就是个人对自身能不能达成创新创业目的的评判，表现为个人对自身创新创业潜能的认同程度。通过问卷调研，评估自身创新创业意愿，表现出自身对于创新创业潜能的认可度以及创新创业带来的自我效能感，能够看出大学生具备的创新创业技能和主动性，进而展现出创新创业教育教学的成果。为了探寻大学生在创新创业教育中的学习情况，可分别从年级、年龄、家庭环境和背景、专业、性别等方面对其进行研究分析，通过数据分析来提升创新创业教学质量，进而对各类学生采取差异化创新创业教育形式。

三、制度环境的有效保障

教育环境会间接地、潜移默化地影响教育的效果，并且这个能量是巨大的。日本学者细谷俊夫曾出版《教育环境学》一书，书中介绍了教育会受到社会、自然和精神环境的影响。教育环境能够被学校中的师生所感知，其也是一种制度环境，能够促进创新创业教育的发展。学校基础设施是教育环境中的一部分，如图书馆、食堂和教学楼等。此外，还包括建筑风格、绿化设计等学校环境构造，管理制度、发展规划等学校的规章制度以及校训校史等精神文化。建立适合创新创业教育发展的环境是高校创新创业教育制度环境保障体系的本质。

（一）创新创业教育环境的作用

良好的创新创业教育环境有许多优势。例如，良好的环境可以使创新创业教育的教学质量和管理效率得到提高，使学生能够积极主动地参与到创新创业教育的学习活动中，让师生能够感受到这种教育意识，使高校创新创业教育能够顺利地进行。

1. 价值引导作用

新鲜的观念和事物更能吸引新生代大学生的注意力，大学生比其他年龄段的群体更能快速地接受新颖事物和观点。另外，处于青春期的大学生并没有成熟的意识体系，周围的环境会对其产生影响。这时，教育环境的引导和教育作用就体现出来了，将创新创业的意识和价值观念植入学生身边的环境，更能促使学生建立起创新创业的意识，提高学生投入环境的积极性，这样创新创业教育的教学成效也会大幅提升。为了使新型创新创业教育的制度环境能够被良好地营造，教师不仅要对自身的发展予以重视，还要坚决贯彻学校的相关政策和管理制度，只有这样才能积极地推动创新创业教育活动的发展。此外，在学校的学习氛围中，也可以植入相关创新创业要素。教师要以创新创业教学为己任，引导学生建立创新创业意识。

2. 目标引导作用

学校活动、校风校训和学校宣传等都是教育环境作用的途径。高校是这些活动的组织者，其在组织活动时，应当有明确的目标，融入本校的特色和理念，引导全校师生的参与。高校的发展和学生的教育目标应当是命运的共同体，因此目标的导向可以使学生在教育环境中的意识得到改变。如果在高校教育环境中融入目标的引导，且选择以创新创业教育思想观念为本质的目标，那么全校师生将会拥有和学校共同的目标，学生和教师在整体中的热情将会被进一步激发。

教育环境能够整合资源。教育环境一方面可以引导师生价值和目标；另一方面还可以对校园共识进行凝聚，使在教育环境中的每一个人都能够投身于创新创业教育，为创新创业教育付出一份力量。

（二）创新创业教育的生态学

学校要更全面地看待高校创新创业教育的环境保障体系，从内外双视角来看待创新创业教育环境，将其看作一种生态系统，并对生态系统的各方面要素进行关注和分析。

在生态学中，个人和生态要素之间的关系是运动的、有联系的，并非静止孤立的，人无论在哪种生态环境中都会受到环境的部分影响。教育生态系统观点是在教育的过程中融入了生态学的概念：老师和学生在这个环境中处于主体地位，全体师生都会受到生态环境中生态要素的影响，并且师生之间还会相互影响；优良的教育环境能够对人产生积极的影响；反之，劣质的环境会对人产生消极影响；同时，教育环境中的其他要素也会受到个人活动与认知的影响。

创新创业教育主体和教育生态环境是高等学校创新创业教育生态系统中的两大组成部分。在创新创业生态系统中，创新创业教育主体扮演接受和实施者的角色，其中：高校中与创新创业教育相关的教学机构、师资队伍和负责部门等都是实施者；创新创业教育的活动、课程和教学计划等是实施者在创新创业教育生态环境中进行的行为；参与创新创业教育培训的学生就是环境中的接受者，在种类繁多的教学服务当中，学生能够依照自己的需求来选择自己想要的教育服务。

物质环境是创新创业生态环境中的一种，如基础设施、建筑风格、校园环境等。此外，创业生态环境还包括校园文化、校风校训等精神环境。不同的创新创业主体，如实施者和接受者之间有着紧密的联系，教育管理和教学活动等是连接实施者和接受者的纽带。在这种关系中，实施者会将教育服务提供给接受者，接受者会将自身的心得反馈给实施者。紧密连接主体的敏感因子是创新创业教育环境影响主体的主要中介，实施者在这种影响下，会向接受者提供具有差异的教育服务、数量和质量，因此，接受者对实施者教学的评价也会有所变化。实践是创新创业教育主体对创新创业生态环境进行完善的优良途径。

（三）创新创业教育环境保障体系的构建

教师与学生在优良的创新创业教育环境下能够受到正向的影响；反之，教师和学生在劣质的环境下会受到消极的影响，且这种影响时刻存在。因此，高校应当重点建设优良的创新创业教育环境，以此来促进教学成效的提升。

要对创新创业教育环境在生态学上的概念进行全方位理解，创新创业教育体系的协调性是环境保障体系建设的必要条件。许多方面和要素都在影响着高等学校创新创业教育，整个系统十分复杂。实施者和接受者与环境之间有着复杂的关系与作用，促使整个教育环境的稳定协调发展是高校创新创业教育开展的重要保障。

为了使高等学校创新创业教育环境保护体系得以完善构建，必须综合考虑物质和精神两方面的环境建设。如果过分重视物质而忽视精神，那么推动教育的动力将会有缺失；如果过分重视精神忽视物质，那么高校创新创业教育将会缺乏载体。所以应当对二者进行协调建设，合理配置资源。

在迎合协调性要求的基础上，提出创新创业教育环境保障体系的构建模式，这种构建需要通过环境监测进行，以教学研究为基础，重点实施资源配置，同时要迎合相关政策，在高等学校创新创业教育环境保障体系建立时综合考虑物质和精神两方面的需求：物质环境的建设是为了顺利推动创新创业教育，精神环境的建设是为了得到显著的教育成效。以下是具体措施。

在创新创业教育的过程中，要加入激励措施，通过对体系中的教师、管理人员等的激励，促使教育成效的提高。激励方法包括职位晋升、职称评定和绩效奖金等。对于学生，可以通过奖学金、奖状和记录学分等方式调动他们的积极性。

加大监管检测创新创业教育的力度，对教育环境的情况进行及时了解。创新创业教育是长期持续的，高校必须建立健全物质和精神监管制度，建立监管环境教育的专业团队，通过问卷调查、实地访问等形式对物质和精神环境现状进行了解，将了解到的现状向创新创业教育研究和管理部门实时上报，对环境了解后要找出相应的解决办法，使教育活动的实施能够长期有效地进行下去。物质和精神环境只是创新创业教育环境监测和监管工作的对象之一，实地调查和访问是物质环境监测的主要方式，对访谈和问卷调查的分析是精神环境监测的主要方式。

对创新创业教育资源进行合理配置，科学合理地进行资源分配。在进行建设前，要做好统筹规划，避免出现不科学、不合理的资源配置方式，在投入创新创业精神与物质环境建设之前要做出相应的评估，使资源能够用到关键地方，避免出现资源浪费，大力推进创新创业教育环境的稳步发展。需要建设专门的管理机制来分配具体的创新创业教育资源，使资源配置的事先、事中和事后三方面的评价都能够得到保障：在事前需要对投入资源的各方面要素和配置进行具体评估，在事中需要对投入的物质和精神两方面的资源的实际情况进行分析与调整，事后要对整个过程的资源投入与产出进行相关的剖析与评价。

加大创新创业教育科研工作的力度。由于创新创业教育兴起较晚，不像其他教育那样具备丰厚的基础和先例，因此，应当对教育环境的建设风险进行事先评估。对于创新创业教育应当大力研究，使创新创业教育环境中对接受者和实施者产生影响的各种因素浮出水面，同时，对其产生的影响进行剖析，这样在创新创业教育环境的建设过程中，便可以更加得心应手地掌握各种影响因素，针对各种情况制定合理的解决对策，通过建立专业的智囊库促进良好教育环境的建立。课题招标和成效考评是加强创新创业教育科研工作的两种主要办法。课题招标是一种策划科研课题的方式，这种方式是以本校实际开展创新创业教育的情况和未来方向为出发点的，所有与创新创业有关的教师都是公开招标的对象，课题招标会将创新创业科研资源充分提供给教师。成效考评是对学校内部人员对创新创业教育环境建设作出的贡献进行公平科学的考评过程，其可以激励教师和管理人员积极创建创新创业教育环境保障体系。

（四）创新创业教育环境保障体系的其他要素

必须创建一个能够推动社会进程和学生自身发展的科学、规范的保障体制，以此确保创新创业教育顺利进行和有序开展。建立保障体系是为了推动创新创业科研的进程，同时为创新创业教育指引前进方向、提供改善的办法，确保其继续顺利发展，并对其进行全面推广，让其充分发挥作用，推动社会发展。以高校创新创业教育的特点为基石，下面将从政府、社会、企业和家庭四个方面来阐述如何树立良好的教育氛围，修补当前创新创业教育整体保障机制。

1. 政府政策支撑

政府作为法规的颁布机构，在高校创新创业教育保障体制中承担着引领、支持和激励的职能。高等学校举办创新创业教育活动，引导学生积极参与，都要有机构法规、各种物质要素、资金和社会服务机构的全力扶持。

（1）政策法规支持。政府相关机构应在全面理解高校创新创业教育之后再颁布相关政策法规。首先，出台具备特殊性、全面性和实施性的相关创新创业教育政策，不能只做表面文章。其次，梳理已颁布的创新创业教育相关法规，在公共平台公示，把这些法规放在同一批次，保证政策拥有全面性和连贯性。根据现在整体情况来看，政府需以已经出台的政策作为基准，推动迭代创新创业教育的相关规定和详细规则，完善创新创业教育的实行目的及整体实行方式等。最后，建立创新创业教育法规的监察机制。第一，依靠丰富的媒体手段宣传创新创业教育法规。全面宣传和推广新出台的创新创业教育政策，对于大众感兴趣的相关创新创业教育政策的内在意义，邀请专家学者进行深入阐述和详尽解析，让政策内容能够被快速、准确、全面地传播。第二，建立协作运行机制，将高等学校、政府、企业三者紧密结合。领导机构作为各个机构的联络纽带，要协调各个机构之间的关系，及时监督创新创业教育政策的进展情况，确保信息反馈速度，对于持续完善创新创业教育政策起到积极作用。

（2）经费支持。通过对大学生创新创业受限原因的深入分析，我们得出结论，创新创业教育项目能否良好开展受制于初始资金和后续资金充足与否。由于经费对于落实创新创业教育起到了重中之重的作用，因此，政府为了鼓励大学生创新创业，必须提高创新创业教育的经费输出，多多建立创业基金。政府要带动资金输出，给予大学生相应的贷款额度，提高对大学生创新创业小额贷款的支持力度，增加贷款的受益人数，支持大学生创新创业，让大学生在经费方面减少顾虑。同时要特别加大对高新技术项目的扶持力度，给予他们特别的优惠政策和强有力的支撑。

（3）免费培训指导。政府应呼吁有关单位开展责任培训工作，如免费给大学生安排学习场地、提供法规和技能培训等，以此提升大学生的创新创业技能。为了增加大学生的创新创业理论知识并提升大学生的创新创业操作技能，政府应定期邀约国内外优秀企业家、高校专业领域内的知名教授、政府有关单位经验丰富的职员等担当大学生创新创业指导老师，通过教学、咨询、答疑、案例解析等增加大学生有关创新创业的知识和技巧。

（4）建立创新创业教育中介组织。政府要为大学生创造优良的创业氛围，激励大学生创新创业，全力扶助丰富多彩的非营利机构，增强对大学生创新创业教育理论知识的输入，并带领其实施。比如，政府划分出单独的实操基地给到创新创业项目，在政府相关单位和有关教育科研团队带领下，成立有公信力的创新创业教育科研组织，广泛地开展创新创业教育研究，同步在全国各地高校举办创新创业教育项目，为我国创新创业教育的建立提供理论基石。发动社会积极创建创新创业民办教育机构，和高等院校联手实施创新创业教育项目。为了帮助大学生在创新创业进程中尽快找到支持企业，获得相应资金支持及有效的政策法规咨询，政府要全力推进大学生教育中介机构的建立，创建大学生创新创业实施场地和基地。与此同时，中介机构需估算大学生创业经费的缺口，为大学生提供政府小额贷款，承担大学生创业贷款担保职责，减少政府压力和高校教学压力，充分监察教育的实行情况，公正考核创新创业教育的实践状况。

2. 社会舆论支持

目前社会对于创新创业教育的理解仅停留在表面，创新创业教育并未引发激烈讨论，触动的人群并不广泛。虽然高等学校和教育单位对于创新创业教育了解深入，但仅有高等学校付诸行动，显然不能够完全推动创新创业教育的整体进程。现阶段创新创业理论在部分区域发展迅速，但也有区域的创新创业教育仍未开始实行，创新创业教育进程明显显露出发展不均衡的态势。因此，为了面向社会推行创新创业教育，我们需要建立一个以政府为核心，高等学校为主体，全体社会成员积极传播并推行的创新创业教育新形式。通过网络、电视、报纸等传播手段，让大家的创新创业主动性得到积极发挥，使全社会对创新创业形成共同认知，为创新创业教育实施创造良好的氛围和情境，推进创新创业教育进程。

3. 企业合作支持

企业在创新创业教育进程中的作用非常重要。创新创业教育不仅为学生带来了更多就业机会，而且提升了他们自主创业的主动性，激发了他们的创新创业潜能。理论知识培养和创业实操指导都属于高校创新创业教育范畴，其中实操指导是非常重要的一环，并且需要企业的大力支持。在大学生创新创业教育过程中，企业可以带来方法指引，提供场所、资金、项目等。当前虽然有很大比例的高校在创新创业教育进程中都得到了企业的扶助，但仅局限在经费方面的帮助，较多依靠的是企业的推广效果，却缺少对大学生实际实操方面的引导和项目扶持。如果想推动创新创业教育的发展，促进企业本身的持续增长，达到互惠互利，那么企业不单要在资金方面进行扶持，还要给予实施场所的支持以及项目方面的指导，全方位帮助创新创业教育发展。因此，高校与企业之间应该达成长期稳定的合作关系。

此外，企业可以利用自身宣传能力和社会号召力，扭转社会和家庭对于大学生创新创业的负面看法，带领大众更新对于创新创业教育的认知。

4. 家庭支持

家庭在大学生成长中有着举足轻重的影响，对于他们世界观、人生观、价值观的形成起着非常重要的作用，同时也是大学生的经济和精神支撑。即使大学生在创新创业活动中储备了理论知识、拥有创新思维和实操技能，仍需要家庭的正面支撑。大学生的家庭背景直接影响到其就业观、创新创业素养、自身性格的养成。父母对创新创业的看法与孩子的就业观念呈正相关关系。如果家庭对于创新创业持正面态度，并适当激励，学生的创新创业主动性就会提高；但是如果家庭对此有负面看法，学生信心就会受挫，严重的会导致创业想法破灭，在困难面前只想逃避。由此，高校要积极与家庭进行良好沟通，争取家庭对学校创新创业教育活动的支持。

目前家长对于孩子创新创业的正面肯定还不够多，总结原因主要有两点：首先，传统观念深入人心，父母总是希望孩子能够拥有一份脚踏实地的安稳工作；其次，不得不考虑经费，对于一般家庭来说，创新创业的启动资金是一笔不小的数目，这让家庭整体压力倍增。基于家长的以上顾虑，高校要联合相关部门并派具体教师和学生家长进行深入交流，将创新创业政策的相关优势传达给家长，让家长消除顾虑，转变传统的固有思维和老一辈的就业观念等，让家长认同大学生不仅是应聘者同时也可以成为就业岗位的发起者，逐步赞同并主动配合学校开展创新创业教育活动，努力打造顺应时代发展的家庭环境，与高校一同联手让大学生拥有勇敢、不畏艰难、积极进取的性格特点，鼓励孩子按照自己的想法进行选择，遵从内心选择日后的就业方向。

除此之外，政府和学校要互相配合，积极与学生家长沟通交流，对学生家长进行培训，尤其针对就业观念陈旧的家庭，需要采取更为积极有效的教育方法，争取让高校创新创业教育能与家庭教育齐头并进。

参考文献

［1］车琨."互联网+"助推高校大学生创新创业教育迈上新台阶［M］.沈阳：辽宁大学出版社，2023.

［2］颜丽，沈睿媛.大学生职业生涯规划与创新创业教育研究［M］.天津：天津科学技术出版社，2023.

［3］周冠怡彤，蒋笑阳，刘洋.高校创新创业教育改革与探索［M］.北京：九州出版社，2022.

［4］罗星海.高职创新创业教育"五育"体系研究与实践［M］.武汉：武汉大学出版社，2021.

［5］张瑜，范晓慧，金莹.大学生创新创业教育理论与实践研究［M］.北京：中国书籍出版社，2022.

［6］戈化聪，齐艳."双创"人才培养视阈下大学生创业与就业路径研究［M］.北京：中国书籍出版社，2023.

［7］曾绍玮，李应.高校创新创业教育探索与实践研究［M］.成都：电子科技大学出版社，2021.

［8］李喆.地方高校创新创业教育研究［M］.济南：山东人民出版社，2020.

［9］刘常国，王松涛，宋华杰.高校创新创业优质教育资源建设与实践研究［M］.北京：北京工业大学出版社，2020.

［10］曹望华.高校创新创业教育与人才培养研究［M］.北京：北京工业大学出版社，2022.

［11］张海军.职业教育适应性视域下学生创新创业能力培养［M］.武汉：华中科技大学出版社，2023.

［12］赵杨.创新创业实践与应用型高校人才培养研究［M］.北京：中国纺织出版社，2022.

［13］杨宝仁，王晶."互联网+"环境下大学生创新创业教育研究［M］.北京：中国纺织出版社，2022.

［14］郭秀晶.我国高校创新创业教育政策评估研究［M］.北京：经济日报出版社，2022.

［15］郭立群，张红伟.高校创新创业教育促进高质量就业的理论与实践探索［M］.北京：中国农业大学出版社，2023.

［16］李伟凤，徐绘.大学生创新创业教育的发展模式与改革创新研究［M］.北京：北京工业大学出版社，2022.

［17］陈思羽.高职院校创新创业教育研究［M］.长沙：中南大学出版社，2022.

［18］陈丽，钟敏敏.创新思维与创业基础［M］.北京：北京理工大学出版社，2021.

［19］卞志刚.大学生创新创业教育与培养体系构建研究［M］.北京：中国商务出版社，2020.

［20］王瑶.创新创业教育背景下高校人才培养模式研究［M］.北京：现代出版社，2022.

［21］郑成华.大学生创新创业能力培养与实践教程［M］.西安：西安交通大学出版社，2021.

［22］梅伟惠.高校创业教育的组织模式与运行机制创新研究［M］.杭州：浙江大学出版社，2020.

［23］于振邦.基于工作室的应用型本科创新创业教育模式研究与实践［M］.青岛：中国海洋大学出版社，2022.

［24］白云莉.大学生创新创业教育新模式研究［M］.天津：天津科学技术出版社，2021.

［25］陈建.大学生创新与创业基础［M］.北京：北京理工大学出版社，2021.